Chinese in Hand

—— Travel Chinese

主编 刘元满
作者 王 玉

中文在手

旅游篇

PEOPLE'S EDUCATION PRESS 人民教育出版社
·北京·

图书在版编目（CIP）数据

中文在手：汉英对照版. 旅游篇/刘元满主编. —北京：人民教育出版社，2013. 6
ISBN 978-7-107-25371-3

Ⅰ. ①中…　Ⅱ. ①刘…　Ⅲ. ①汉语—对外汉语教学—自学参考资料　Ⅳ. H195. 4

中国版本图书馆CIP数据核字（2013）第 136856 号

人民教育出版社 出版发行
网址：http://www.pep.com.cn
北京恒艺博缘印务有限公司印装　全国新华书店经销
2013年8月第1版　2013年8月第1次印刷
开本：890毫米×1 240毫米　1/48　印张：4.5
字数：90千字　印数：0 001～3 000册
审图号：GS（2013）1835号
定价：42.00元（附MP3光盘1张）

前言

《汉语2008》多语种系列丛书自2007年出版以来，满足了相应的市场需求，得到了使用者的充分肯定。许多使用者借此增强了汉语交际能力，更多地了解了现实中的中国。时间在推移，社会在前进，丛书中的一些内容也需要与时俱进，及时更新。于是，我们对这套丛书进行了修订，并更名为《中文在手》（*CHINESE IN HAND*），其目的正如书名所示，希望读者既能拿在手里随时应急或学习，便捷地解决实际生活中的一些交际问题，又能通过该书学会更地道的汉语表达，进而掌握中文。此次修订，包括“基础篇”“生活篇”“旅游篇”“交通篇”4种，课文全部经过调整，部分课文完全重写，一些小知识也相应更新，同时采纳读者建议，增设生词表，方便读者查阅。

《中文在手》系列丛书主要面向来华旅游、学习、工作的外国人和希望学习汉语、了解中国的外国朋友。整套丛书注重实用性、趣味性，兼顾科学性，突出时代感。所展示的日常交际用语和实用情景对话，基本可以满足外国人在中国的日常交际需要。该丛书既可以作为汉语实用交际手册，又可以作为专题式短期汉语教材使用。

丛书以“整句输入”为特色，每册书围绕几名来中国短期工作、生活的外国人，展现他们在常见场景中的交际活动。丛书每册20课，每课由5部分组成：（1）6个基本句。从每课的会话中提取而来，即学即用。（2）2～3段会话。会话以场景为依托，按照人物的身份、关系编写，使用简洁、得体的口语表达，同时有意在场景中安排一些常见的功能项目，突出交际性。（3）生词表。从会话中选取一些字面上不易直接了解的词语进行标注。（4）扩展词语。补充一些与该课内容相关的常用词语，丰富、拓展读者的表达。（5）小知识。选取与该课内容有关的当代中国地理、历史、文化和生活常识等背景知识，从而使读者能更顺畅地与中国人交往，更好地融入到中国人的生活中。

《中文在手》中的基本句、会话、生词表和扩展词语均采用拼音、汉字和外语相对照的形式，方便读者理解学习。小知识全部用外语呈现。丛书采用48开的纸型设计，读者一册在握，便于携带。每册书均配有光盘。为方便读者更好地学习和使用，本丛书同时推出数字版本，可下载到移动终端使用。

本套丛书由人民教育出版社课程教材研究所汉语课程教材研究开发中心策划组织，北京大学刘元满教授担任主编，各册编者充分发挥他们丰富的教学智慧，使其质量有了极大保证。我们真诚地希望本套丛书成为外国朋友在中国生活、旅行和学习的必备用书。

《中文在手·旅游篇》（汉英对照版）作者王玉。翻译王佳灵、李瑜。责任编辑李津。审稿王世友、董蔚君。英文审稿Miriam Ruth Fisher。封面及版式设计蒋宏工作室。插图制作鞠爱霞。

人民教育出版社　课程教材研究所
汉语课程教材研究开发中心
2013年6月

Preface

The multi–lingual series *Chinese 2008* has been satisfying market demand since its publication in 2007, with full endorsement from its users. Many users have enhanced their Chinese communicative competence and thereby acquired a better understanding of the realities of China. As time and society have progressed, however, the renewal of some parts of this series has become necessary. As a result we have revised this series and changed its name to *Chinese in Hand*. As is shown in the name of the book, our primary goal is to enable the readers to use it whenever necessary to solve communication problems in real life and to master the Chinese language by learning authentic expressions. This revised version includes four separate books: *Basic Chinese*, *Daily Chinese*, *Travel Chinese* and *Transportation Chinese*. All the texts have been revised, and some texts have been fully rewritten. Some of the tips have also been replaced accordingly. New word lists have been added to the chapters at the suggestion of readers.

The target readers are those foreigners who come to China to travel, study or work, and those who hope to learn Chinese and explore China. Much attention has been paid to ensuring that this series be not only practical and interesting, but also encourage the latest scientific knowledge and be up-to-date. The daily communication expressions and practical situational conversations in this series cover the basic needs of non-Chinese visitors in their daily communication in China. This series, as a practical Chinese communication handbook, can also serve as a textbook for short-term training programs.

Whole-sentence-input is the special feature of this series. Each book is based on the common situational activities of a few foreigners who come to work in China short term. Each book has twenty lessons and each lesson consists of five sections. The first section contains six basic sentences, which are taken from the dialogues in each lesson and can be used directly in real life. The second section consists of two to three dialogues developed from related situations. In these dialogues, simple and appropriate expressions are used according to the status of the speakers and the relations between them. Meanwhile, some popular functional items are set in these situations to emphasize their communicative nature. The third section is "New Words". Some hard words for foreigners are chosen from each lesson to be explained and phonetically marked. The fourth section is "Additional Expressions". It includes frequently used words and expressions related to the situations presented in the lessons and serves to enhance the readers' ability to express themselves. The last section, called "Tip", provides some general information about geography, history, culture and general knowledge of everyday life in contemporary China in an attempt to enable the readers to better associate and mix with the Chinese people.

For readers' convenience, *pinyin*, Chinese

characters and English equivalents are provided in the Basic Sentences, Dialogues, New Words and Additional Expressions in each book of *Chinese in Hand*. All the "Tip" are in English to allow readers to understand the information easily. Printed as small paperbacks, all the books are easy for readers to carry around. All books are supplied with CDs. The digital versions of this series will be introduced in the App Store at the time of publishing to better facilitate the readers' use and study.

The Chinese as a Foreign Language Education Editorial Department of the People's Education Press is the designer and organizer of this series, with Professor Liu Yuanman as the chief editor. The editors, with a wealth of teaching wisdom, have worked hard to ensure the quality of this series. We sincerely hope that this series will continue to be indispensable to our foreign friends who live, travel and study in China.

Chinese in Hand: Travel Chinese (Chinese-English Version)

Writer: Wang Yu

Translator: Wang Jialing, Li Yu

Executive Editor: Li Jin

Reviewer: Wang Shiyou, Dong Weijun

English Reviewer: Miriam Ruth Fisher

Cover and Format Design: Jiang Hong Workshop

Illustration by Ju Aixia.

Chinese as a Foreign Language Education Editorial Department

Curriculum & Teaching Materials Research Institute

People's Education Press

June, 2013

zhǔyào rénwù jièshào

主要人物介绍

Introduction to the Main Characters

Bùlǎng

布朗

Brown, a New Zealander, working in China, fond of traveling in organized tours during his vacations. He is going to Guilin this year.

Àilín

艾琳

Aileen, a British student, Brown's friend. She knows Chinese. She likes traveling by herself. She intends to go out from Beijing to Lijiang and Shangri-la, Yunnan.

Mǎdīng

马丁

Martin, a Frenchman, working in China. He often travels around.

mùlù

目录

CONTENTS

lǚxíng jìhuà

1 旅行计划

Travel Plans

Basic Sentences

Wǒ zhǐ yǒu qī tiān shíjiān.

1. 我只有7天时间。

I've only got seven days.

Wǒ xiǎng qù zìrán fēngjǐng hǎo de dìfang.

2. 我想去自然风景好的地方。

I prefer scenic areas.

Qù Guìlín láihuí yào jǐ tiān?

3. 去桂林来回要几天？

How long is the round trip to Guilin?

Xiànzài shì wàngjì, rén kěndìng hěn duō.

4. 现在是旺季，人肯定很多。

It's high season now, so there'll be a lot of people there.

Jīpiào hǎo mǎi ma?

5. 机票好买吗？

Is it easy to buy plane tickets?

Zhùsù kěyǐ tíqián dǎ diànhuà yùdìng.

6. 住宿可以提前打电话预订。

I'll call the hotel for a reservation in advance.

B: 布　朗（*Brown*）　A: 艾　琳（*Aileen*）

Z: 小　张（*Xiao Zhang*）

Dialogues

qù nǎr hǎo

(1) 去哪儿好

(Bùlǎng zài yánjiū Zhōngguó lǚyóu shǒucè.)

（布朗在研究中国旅游手册。）

Nǐ dǎsuàn qù nǎr lǚxíng?

Z: 你打算去哪儿旅行？

Wǒ xiǎng qù Sìchuān, kě shíjiān búgòu.

B: 我想去四川，可时间不够。

Nǐ yǒu jǐ tiān shíjiān?

Z: 你有几天时间？

Wǒ zhǐ yǒu qī tiān shíjiān.

B: 我只有7天时间。

Xiǎng qù shénme yàng de dìfang?

Z: 想去什么样的地方？

Wǒ xiǎng qù zìrán fēngjǐng hǎo de dìfang.

B: 我想去自然风景好的地方。

Huáng Shān、Guìlín búcuò.

Z: 黄山、桂林不错。

Qù Guìlín láihuí yào jǐ tiān?

B: 去桂林来回要几天？

Zuò fēijī dehuà, sì tiān jiù gòu le.

Z: 坐飞机的话，4天就够了。

(1) Where Are the Best Places to Visit

(Brown is poring over a tourist handbook of China.)

Z: Where are you going for your trip?

B: I'd like to go to Sichuan, but my time is limited.

Z: How many days do you have?

B: I've only got seven days.

Z: What kind of places do you prefer?

B: I prefer scenic areas.

Z: Then you should go to Mount Huangshan or Guilin.

B: How long is the round trip to Guilin?

Z: Four days by air.

(2) 怎么去
zěnme qù

(Bùlǎng zhǔnbèi qù Guìlín.)
（布朗准备去桂林。）

Guìlín xiànzài rén duō ma?
B: 桂林现在人多吗？

Xiànzài shì wàngjì, rén kěndìng hěn duō.
Z: 现在是旺季，人肯定很多。

Shì bu shì gēn lǚxíngtuán fāngbiàn yìxiē?
B: 是不是跟旅行团方便一些？

Duì a, jiāotōng、zhùsù dōu búyòng zìjǐ kǎolǜ.
Z: 对啊，交通、住宿都不用自己考虑。

Dàgài yào duōshao qián?
B: 大概要多少钱？

Shíjiān bù yíyàng, jiàgé yě bù yíyàng. Nǐ kěyǐ kànkan wǎng shang、bàozhǐ shang de guǎnggào, zài dǎ diànhuà wènwen lǚxíngshè.
Z: 时间不一样，价格也不一样。你可以看看网上、报纸上的广告，再打电话问问旅行社。

(2) How to Go There

(Brown is planning to go to Guilin.)

B: Are there many people in Guilin now?

Z: It's high season now, so there'll be a lot of people there.

B: Will it be more convenient if I take an organized tour?

Z: Sure. You don't have to think about transportation and accommodation.

B: How much does it cost?

Z: The price varies according to the season. You can read through the ads online as well as in the newspaper and then call the travel agency to check.

Àilín de jìhuà

(3) 艾琳的计划

(Bùlǎng hé Àilín tǎolùn qù nǎr lǚyóu.)

（布朗和艾琳讨论去哪儿旅游。）

Wǒ xiǎng cānjiā yí gè qù Guìlín de lǚxíngtuán.

B: 我想参加一个去桂林的旅行团。

Gēn tuán tài bú zìyóu, wǒ xiǎng zìjǐ qù Yúnnán.

A: 跟团太不自由，我想自己去云南。

Nǐ zěnme qù?

B: 你怎么去？

Huǒchē tài màn le, wǒ xiǎng zuò fēijī.

A: 火车太慢了，我想坐飞机。

Jīpiào hǎo mǎi ma?

B: 机票好买吗？

Xiànzài yǒu jiǔ zhé de piào, wǒ xiǎng kànkan yǒu méiyǒu gèng piányi de.

A: 现在有9折的票，我想看看有没有更便宜的。

Zhùsù zěnme bàn?

B: 住宿怎么办？

Zhùsù kěyǐ tíqián dǎ diànhuà yùdìng.

A: 住宿可以提前打电话预订。

Zhèxiē shì háishi tǐng máfan de.

B: 这些事还是挺麻烦的。

(3) Aileen's Plan

(Brown and Aileen are discussing places to visit.)

B: I'm thinking of taking an organized tour to Guilin.

A: An organized tour means less freedom. I want to go to Yunnan by myself.

B: How?

A: The train is too slow, so I want to go by air.

B: Is it easy to buy plane tickets?

A: The tickets are 10% cheaper now. I want to find out if I can get even cheaper tickets.

B: What about accommodations?

A: I'll call the hotel for a reservation in advance.

B: Doing all that is a bother.

New Words

旺季	wàngjì	high season
旅行团	lǚxíngtuán	tour group
旅行社	lǚxíngshè	travel agency
折	zhé	discount
住宿	zhùsù	accommondation
预订	yùdìng	make a reservation

Additional Expressions

Ways of Traveling

自由行	zìyóuxíng	independent travel
自驾游	zìjiàyóu	travel by drive
徒步旅行	túbù lǚxíng	hiking
骑车旅行	qíchē lǚxíng	travel by bike

TIP

How to Buy Discounted Plane Tickets

In China, plane tickets can be reserved several months in advance, and may then be sold at an even larger discount if the dates of the tour are fixed. However, there are almost no discounts during high seasons, such as May Day, National Day, or Spring Festival, when many people travel for family reunions.

There may be some inexpensive plane tickets several days before a departure date. Airlines seldom have a discount for routes such as Beijing to Tibet. There are more discounts for popular routes like Beijing to Shanghai or Guangzhou, as almost every company does those routes.

NOTE

zīxún lǚxíngshè

2 咨询旅行社

Consulting a Travel Agency

Basic Sentences

Wǒ xiǎng zīxún yíxià, …

7. 我想咨询一下，……

I want to consult about ...

Wǒ xiǎng zhège zhōuwǔ chūfā.

8. 我想这个周五出发。

I plan to leave this Friday.

Gěi wǒ kàn yíxià nǐmen de xíngchéng.

9. 给我看一下你们的行程。

Let me see your tour itinerary.

Wǒ gěi nín shuōmíng yíxià.

10. 我给您说明一下。

I can explain it to you.

Zhù de tiáojiàn zěnmeyàng?

11. 住的条件怎么样？

What kind of hotel will we stay in?

Dōu shì sānxīngjí yǐshàng de bīnguǎn.

12. 都是三星级以上的宾馆。

At least three-star hotels.

B: 布　朗（*Brown*）　R: 接待员（*Receptionist*）

Dialogues

zīxún lǚxíngshè
(1) 咨询旅行社

(Bùlǎng zài lǚxíngshè zīxún.)
（布朗在旅行社咨询。）

Wǒ xiǎng zīxún yíxià, nǐmen yǒu méiyǒu qù Guìlín de lǚxíngtuán?
B: 我想咨询一下，你们有没有去桂林的旅行团？

Měi gè xīngqī dōu yǒu, míngtiān jiù yǒu yí gè tuán.
R: 每个星期都有，明天就有一个团。

Míngtiān láibují, yǒu wǎn yìdiǎnr de ma?
B: 明天来不及，有晚一点儿的吗？

Nǐ xiǎng shénme shíhou chūfā?
R: 你想什么时候出发？

Wǒ xiǎng zhège zhōuwǔ chūfā.
B: 我想这个周五出发。

Méi wèntí, wǒmen zhōuwǔ wǎnshang yě yǒu yí gè tuán.
R: 没问题，我们周五晚上也有一个团。

Zài Guìlín wánr jǐ tiān?
B: 在桂林玩儿几天？

Shuāngfēi sì rì, xià gè xīngqī'èr huílái.
R: 双飞4日，下个星期二回来。

(1) Consulting a Travel Agency

(Brown is consulting a travel agency.)

B: I want to consult about the organized tour to Guilin.

R: Yes, we have such a tour every week. We have one that leaves tomorrow.

B: I'm afraid there's not enough time to get ready. Do you have any after that?

R: When do you want to leave?

B: I plan to leave this Friday.

R: No problem. We have one this Friday evening.

B: How many days will we spend in Guilin?

R: Four days. You'll travel by air and be back next Tuesday.

Gěi wǒ kàn yíxià nǐmen de xíngchéng.
B: 给我看一下你们的行程。

Gěi, zhè shì zuì xīn de ānpái.
R: 给，这是最新的安排。

Zhōngwén de tài nán dǒng le, nǐmen yǒu Yīngwén de ma?
B: 中文的太难懂了，你们有英文的吗？

Āiyō, méi zhǔnbèi Yīngwén de. Zhèyàng ba, wǒ gěi nín shuōmíng yíxià.
R: 哎哟，没准备英文的。这样吧，我给您说明一下。

cānjiā lǚxíngtuán
(2) 参加旅行团

(Bùlǎng zài lǚxíngshè zīxún.)
（布朗在旅行社咨询。）

Cānjiā zhège tuán duōshao qián?
B: 参加这个团多少钱？

Yígòng sānqiānwǔ.
R: 一共3500。

Hái néng yōuhuì ma?
B: 还能优惠吗？

Xiànzài shì wàngjì, zhège jiàgé yǐjīng hěn piányi le.
R: 现在是旺季，这个价格已经很便宜了。

B: Let me see your tour itinerary.

R: Here you are. This is the latest version.

B: The Chinese version is too difficult for me, do you have an English version?

R: No, I'm afraid we don't. I can explain it to you though.

(2) Taking an Organized Tour

(Brown is consulting a travel agency.)

B: How much does it cost?

R: 3,500 yuan altogether.

B: Any discounts?

R: The price is rather low considering it's high season now.

Zhù de tiáojiàn zěnmeyàng?

B: 住的条件怎么样？

Dōu shì sānxīngjí yǐshàng de bīnguǎn.

R: 都是三星级以上的宾馆。

Dǎoyóu huì shuō Yīngyǔ ma?

B: 导游会说英语吗？

Huì shuō yìxiē, dàn bú shì hěn hǎo.

R: 会说一些，但不是很好。

Hǎo ba, wǒ cānjiā zhège tuán, qǐngwèn

B: 好吧，我参加这个团，请问

shénme shíhòu jiāo qián?

什么时候交钱？

Xiànzài jiù kěyǐ jiāo.

R: 现在就可以交。

B: What kind of hotel will we stay in?

R: At least three-star hotels.

B: Does the tourist guide speak English?

R: Yes, she does, but not very well.

B: OK, I'll take the tour. When do I pay?

R: You can pay now.

New Words

出发	chūfā	leave; set out
双飞	shuāngfēi	round trip flight
行程	xíngchéng	tour itinerary
说明	shuōmíng	explain
优惠	yōuhuì	discount
~星级	~xīngjí	~star (hotel)

Additional Expressions

Names of Common Documents

证件	zhèngjiàn	certificate
护照	hùzhào	passport
签证	qiānzhèng	visa
驾照	jiàzhào	driving licence
身份证	shēnfènzhèng	identification card
学生证	xuéshēngzhèng	student card
工作证	gōngzuòzhèng	employee's card

TIP

Taking an Organized Tour

Taking an organized tour has some advantages. In comparison with independent traveling, you do not have to worry about tickets or accommodation. The travel agency can also get a discount on the tickets. Taking an organized tour especially during high seasons will save you a lot of trouble in buying tickets or finding hotels. In China, many travel agencies offer organized tours for foreigners. They may even provide a foreign language guide if some foreigners have language problems when joining an organized tour for Chinese people. Even if you do not join an organized tour, most travel agencies provide ticket-reservation and hotel-reservation services. If you want to join a tour, it is recommended that you contact large, established companies, such as the China Travel Service, the China Youth Travel Service, or the China International Travel Service.

wèi lǚxíng zuò zhǔnbèi

3 为旅行做准备

Getting Ready for the Tour

Basic Sentences

Guìlín xiànzài rén duō ma?

13. 桂林现在人多吗？

Are there many people in Guilin now?

Nàbiān tiānqì zěnmeyàng?

14. 那边天气怎么样？

What's the weather like there?

Nàlǐ yào chuān shénme yīfu?

15. 那里要穿什么衣服？

What clothes do I need there?

Bié wàngle dàishàng yǔsǎn.

16. 别忘了带上雨伞。

Remember to take an umbrella.

Zhǐyào dàigòu qián, shénme dōu néng mǎidào.

17. 只要带够钱，什么都能买到。

Everything is available as long as you have enough money.

Nàlǐ néng shuā xìnyòngkǎ ma?

18. 那里能刷信用卡吗？

Are credit cards accepted there?

B: 布 朗（*Brown*） R: 接待员（*Receptionist*）

Dialogues

liǎojiě mùdìdì de zhuàngkuàng
(1) 了解目的地的状况

(Bùlǎng xiàng lǚxíngshè jiēdàiyuán dǎting Guìlín
(布朗向旅行社接待员打听桂林
de qíngkuàng.)
的情况。)

Guìlín xiànzài rén duō ma?
B: 桂林现在人多吗?

Xiànzài shì wàngjì, yóukè bù shǎo. Búguò fēngjǐng yě zuì piàoliang.
R: 现在是旺季,游客不少。不过风景也最漂亮。

Nàbiān tiānqì zěnmeyàng?
B: 那边天气怎么样?

Báitiān bǐjiào rè, búguò zǎowǎn háishi hěn liángkuai de.
R: 白天比较热,不过早晚还是很凉快的。

Nàlǐ cháng xià yǔ ma?
B: 那里常下雨吗?

Xiànzài shì yǔjì, jīngcháng xià yǔ.
R: 现在是雨季,经常下雨。

(1) Finding Out About Your Destination

(Brown is consulting the receptionist about the situation in Guilin.)

B: Are there many people in Guilin now?

R: Yes, there're a lot of tourists now because it's high season. But the scenery is also at its best.

B: What's the weather like there?

R: It's hot in the daytime, but fairly cool in the morning and evening.

B: Does it often rain there?

R: Fairly often, and it is the rainy season now.

zhǔnbèi xíngli
(2) 准备行李

(Bùlǎng xiǎng zhīdào yīnggāi dài shénme xíngli.)
(布朗想知道应该带什么行李。)

Nàlǐ yào chuān shénme yīfu?
B: 那里要穿什么衣服？

Yìbān duǎnxiù hé duǎnkù jiù kěyǐ le,
R: 一般短袖和短裤就可以了，
zǎowǎn kěyǐ chuān chángxiù hé chángkù.
早晚可以穿长袖和长裤。

Shān shang xūyào wàitào ma?
B: 山上需要外套吗？

Bù xūyào.
R: 不需要。

(2) Packing

(Brown wants to know what kind of luggage he should take.)

B: What clothes do I need there?

R: Usually a short-sleeved shirt and short pants will do. You may need a long-sleeved one and trousers in the morning and evening.

B: Do I need a coat up on the mountain?

R: No, you won't.

Xūyào dài shénme zhèngjiàn?

B: 需要带什么证件？

Dàishàng hùzhào jiù kěyǐ le. Bié wàngle dàishàng yúsǎn. Dāngrán, yě bié wàngle dài zhàoxiàngjī.

R: 带上护照就可以了。别忘了带上雨伞。当然，也别忘了带照相机。

Zài Guìlín mǎi dōngxi fāngbiàn ma?

B: 在桂林买东西方便吗？

Guìlín shì gè dà chéngshì, zhǐyào dàigòu qián, shénme dōu néng mǎidào.

R: 桂林是个大城市，只要带够钱，什么都能买到。

Nàlǐ néng shuā xìnyòngkǎ ma?

B: 那里能刷信用卡吗？

Nín yòng Visa kǎ jiù méiyǒu wèntí, dà bùfen dìfang dōu néng yòng.

R: 您用Visa卡就没有问题，大部分地方都能用。

B: What documents should I take?

R: Take your passport, and also an umbrella, and a camera, of course.

B: Is it easy to buy things?

R: Guilin is a big city. Everything is available as long as you have enough money.

B: Are credit cards accepted there?

R: There is no problem with the Visa card. It is accepted in most places.

New Words

雨季	yǔjì	rainy season
袖	xiù	sleeves
裤	kù	trousers
外套	wàitào	coat
雨伞	yǔsǎn	umbrella
信用卡	xìnyòngkǎ	credit card

Additional Expressions

Common Expressions About Weather

阴天	yīntiān	overcast
晴天	qíngtiān	sunny
多云	duōyún	cloudy
下雪	xià xuě	snowy
刮风	guā fēng	windy
大雾	dà wù	fog

TIP

High Season and Low Season

In China, the holidays during Spring Festival, May Day, and National Day are long, so many people make use of them to go on tours to places of interest, making these holidays high season.

Generally speaking, summer is also high season and winter low season. However, winter is high season in both warm Hainan Island and cold Harbin. A lot of tourists go to famous places of interest in high season, so there are problems of accommodation and transportation during Spring Festival, May Day, and National Day. What's more, in many places, tickets are more expensive in high season than in low season. So it's better to avoid traveling in high season if you can.

hé dǎoyóu jiāoliú

4 和导游交流

Communicating with the Guide

Basic Sentences

Míngtiān jǐ diǎn chūfā?

19. 明天几点出发？

What time do we set out tomorrow?

Tīngshuō Yángshuò yǒu hěn duō jiǔbā.

20. 听说阳朔有很多酒吧。

I hear that there're many bars in Yangshuo.

Wǒmen huì qù nàr ma?

21. 我们会去那儿吗？

Will we have time to go there?

Wǒ méi tīngqīng, qǐng zài shuō yí biàn.

22. 我没听清，请再说一遍。

I didn't quite catch that. Please say it again.

Wǒxiǎng zài zhèlǐ duō dāi yíhuìr.

23. 我想在这里多待一会儿。

I want to stay here longer.

Méi wèntí, fàngxīn ba!

24. 没问题，放心吧！

No problem, trust me.

B: 布朗（*Brown*）　G: 导游（*Guide*）

T: 游客（*Tourist*）

Dialogues

tǎolùn xíngchéng

(1) 讨论行程

(zài Guìlín)

（在桂林）

Míngtiān jǐ diǎn chūfā?

B: 明天几点出发？

Qī diǎn chī zǎofàn, bā diǎn chūfā.

G: 7点吃早饭，8点出发。

Tīngshuō Yángshuò yǒu hěn duō jiǔbā.

B: 听说阳朔有很多酒吧。

Duì. Hěn duō wàiguórén dōu xǐhuan qù.

G: 对。很多外国人都喜欢去。

Wǒmen huì qù nàr ma?

B: 我们会去那儿吗？

Wǒmen jīngguò nàlǐ, dànshì báitiān méi-
yǒu shíjiān jìnqù.

G: 我们经过那里，但是白天没有时间进去。

Wǎnshang wǒmen zhù zài nǎr?

B: 晚上我们住在哪儿？

Jiù zhù zài Yángshuò.

G: 就住在阳朔。

Nà wǒmen yǒu shíjiān zìjǐ qù jiǔbā ma?

B: 那我们有时间自己去酒吧吗？

Wǎnshang wǒmen méiyǒu ānpái, kěyǐ zìyóu
huódòng.

G: 晚上我们没有安排，可以自由活动。

(1) Discussing the Schedule

(in Guilin)

B: What time do we set out tomorrow?

G: Breakfast is at 7:00 in the morning, and we'll set off at 8:00.

B: I hear that there're many bars in Yangshuo.

G: Yes, many foreigners like to go there.

B: Will we have time to go there?

G: No, I'm afraid we won't during the day.

B: Where will we stay that night?

G: In Yangshuo.

B: Will we have time to go to the bars later by ourselves?

G: We don't arrange any activities for the evenings, so you can make your own arrangements.

jíhé de shíjiān

(2) 集合的时间

(Dǎoyóu gēn dàjiā shuōmíng huódòng shíjiān.)

(导游跟大家说明活动时间。)

Xiànzài dàjiā kěyǐ zìyóu huódòng bàn gè

G: 现在大家可以自由活动半个

xiǎoshí, wǔ diǎn bàn jíhé.

小时，5点半集合。

Duìbuqǐ, jǐ diǎn jíhé? Wǒ méi tīngqīng,

T: 对不起，几点集合？我没听清，

qǐng zài shuō yí biàn.

请再说一遍。

Wǔ diǎn bàn. Wǒmen wǔ diǎn sānshíwǔ zhǔnshí kāichē.

G: 5点半。我们5点35准时开车。

Bàn gè xiǎoshí tài shǎo le. Wǒ xiǎng zài zhèlǐ

T: 半个小时太少了。我想在这里

duō dāi yíhuìr.

多待一会儿。

Wǒmen wǎnshang liù diǎn yào qù chīfàn hé kàn

G: 我们晚上6点要去吃饭和看

biǎoyǎn, bù néng zài wǎn le.

表演，不能再晚了。

Kěyǐ bù cānjiā wǎnshang de huódòng ma?

T: 可以不参加晚上的活动吗？

Nà nǐ wǎnshang néng zìjǐ huí jiǔdiàn ma?

G: 那你晚上能自己回酒店吗？

Wǒ yǒu jiǔdiàn de míngpiàn ne, méi wèntí,

T: 我有酒店的名片呢，没问题，

(2) Time for Gathering

(The guide is explaining the activity schedule.)

G: Now you are free for half an hour. We'll meet here again at 5:30.

T: Sorry, what time? I didn't quite catch that. Please say it again.

G: 5:30. We'll leave at 5:35 sharp.

T: Half an hour is not enough. I want to stay here longer.

G: We are going to have dinner at 6:00 and then watch the performance. We can't wait.

T: Is it all right if I miss the function this evening?

G: Do you think you can return to the hotel by yourself?

T: I've got the card of the hotel, no problem, trust me.

fàngxīn ba!

放心吧！

Nà wǒmen jiù bù děng nǐ le. Nǐ jìzhù

G: 那我们就不等你了。你记住

wǒ de shǒujī hào, yǒu wèntí suíshí gēn

我的手机号，有问题随时跟

wǒ liánxì.

我联系。

G: We won't wait for you then. Remember to take my mobile phone number and contact me if you have any problem.

New Words

酒吧	jiǔbā	bar
经过	jīngguò	pass
自由活动	zìyóu huódòng	be free
集合	jíhé	get together
准时	zhǔnshí	on time
表演	biǎoyǎn	performance
名片	míngpiàn	card
随时	suíshí	at any time

Additional Expressions

Common Words Used for Tour Groups

停车	tíngchē	park (a car)
参观	cānguān	visit
购物	gòu wù	go shopping
休息	xiūxi	have a break
吃饭	chīfàn	have a meal
返回	fǎnhuí	return

TIP *Advice When Taking an Organized Tour*

On an organized tour, it is important to communicate with the guide, know the arrangements, and be punctual. If the guide arranges any additional activities, check whether you have to pay any extra money and whether the original arrangements have been changed. If the travel agent cancels a visit without reason, you can ask for a refund or even for compensation. When the guide takes you shopping, you do not have to buy anything if you are not satisfied with the goods. If you want to buy something, try bargaining with the seller. In any case, keep to the arrangements made by the tour agent and complain to the quality-control department of the tourism bureau if the travel agent does not resolve any problems that occur. You can call 114 to find out the telephone number of the quality-control department of the tourism bureau.

zhǎo zhùsù

5 找住宿

Looking for a Hotel

Basic Sentences

Gānjìng yìxiē, néng xǐzǎo, néng shàngwǎng jiù xíng.

25. 干净一些，能洗澡，能上网就行。

It should be clean, have a shower facility and access to the Internet.

Qǐngwèn, hái yǒu fángjiān huòzhě chuángwèi ma?

26. 请问，还有房间或者床位吗？

Excuse me. Are there any rooms or beds available here?

Lóudào li yǒu gōnggòng wèishēngjiān hé yùshì.

27. 楼道里有公共卫生间和浴室。

There are public restrooms and a bathroom down the corridor.

Zěnme shōu fèi?

28. 怎么收费？

How much do you charge?

Huìyuán kěyǐ piányi diǎnr.

29. 会员可以便宜点儿。

Prices are lower if you're a member.

Qǐng gěi wǒ yì zhāng nǐmen de míngpiàn.

30. 请给我一张你们的名片。

Can I have one of your cards?

A: 艾琳（*Aileen*）　C: 店员（*Clerk*）

R: 前台（*Reception*）

Dialogues

zhǎo zhùsù
(1) 找住宿

(Àilín yí gè rén qù Yúnnán lǚxíng, zài lù biān yì jiā shāngdiàn.)
（艾琳一个人去云南旅行，在路边一家商店。）

Shīfu, zhè fùjìn nǎr kěyǐ zhùsù?
A: 师傅，这附近哪儿可以住宿？

Zhèr yǒu hǎo jǐ gè lǚguǎn ne, nǐ xiǎng zhù shénme yàng de dìfang?
C: 这儿有好几个旅馆呢，你想住什么样的地方？

Gānjìng yìxiē, néng xǐzǎo, néng shàngwǎng jiù xíng.
A: 干净一些，能洗澡，能上网就行。

Duìmiàn nà jiā Chūnchéng Bīnguǎn tiáojiàn búcuò. Biāozhǔnjiān dàgài sānbǎi kuài qián zuǒyòu, hán zǎocān.
C: 对面那家春城宾馆条件不错。标准间大概300块钱左右，含早餐。

Wǒ gāngcái qù wènguo, yǐjīng kèmǎn le. Hái yǒu bié de dìfang ma?
A: 我刚才去问过，已经客满了。还有别的地方吗？

Nàbiān hái yǒu yì jiā qīngnián lǚshè, tiáojiàn
C: 那边还有一家青年旅舍，条件

(1) Looking for a Hotel

(Aileen has arrived in Yunnan alone, she goes into a shop on the side of a street.)

A: Hi! Where can I find a nearby hotel?

C: There are quite a few hotels. What kind of place are you looking for?

A: It should be clean, have a shower facility and access to the Internet.

C: Chuncheng Hotel on the opposite side of the road is good. A standard room is about 300 yuan with breakfast.

A: I went there just now, but it's full. Is there anywhere else?

C: There's a youth hostel over there. Its facilities are not as good, but it's clean.

chàdiǎnr, dànshì hái tǐng gānjìng de.
差点儿，但是还挺干净的。

Lí zhèr yuǎn ma?
A: 离这儿远吗？

Bù yuǎn, cóng zhèr xiàng dōng zǒu sānbǎi mǐ,
C: 不远，从这儿向东走300米，
lù nán jiù shì.
路南就是。

zài qīngnián lǚshè
(2) 在青年旅舍

(Àilín láidào qiántái xúnwèn.)
（艾琳来到前台询问。）

Qǐngwèn, hái yǒu fángjiān huòzhě chuángwèi ma?
A: 请问，还有房间或者床位吗？

Yǒu, fángjiān yǒu shuāngrénjiān, chuángwèi zhǐ
R: 有，房间有双人间，床位只
yǒu liùrénjiān de le.
有六人间的了。

Liùrénjiān yǒu wèishēngjiān ma?
A: 六人间有卫生间吗？

Méiyǒu, lóudào li yǒu gōnggòng wèishēngjiān
R: 没有，楼道里有公共卫生间
hé yùshì.
和浴室。

Shuāngrénjiān ne?
A: 双人间呢？

Shuāngrén pǔtōngjiān méiyǒu le, yǒu biāozhǔnjiān.
R: 双人普通间没有了，有标准间。

A: Is it far?

C: No. Walk 300 meters to the east. It's on the south side of the road.

(2) At the Youth Hostel

(Aileen is making inquiries at the reception desk.)

A: Excuse me. Are there any rooms or beds available here?

R: Yes, we have rooms for two, and beds are only available in a room for six.

A: Is there a restroom in the room for six?

R: No, there are public restrooms and a bathroom down the corridor.

A: What about the room for two?

R: The double room is not available, but we have a standard room.

Zěnme shōu fèi?

A: 怎么收费？

Chuángwèi yí gè sìshí yuán, pǔtōngjiān yìbǎi'èr, biāozhǔnjiān yìbǎibā. Guójì Qīngnián Lǚshè huìyuán kěyǐ piányi diǎnr.

R: 床位一个40元，普通间120，标准间180。国际青年旅舍会员可以便宜点儿。

Wǒ bú shì huìyuán, nà jiù yào yí gè chuángwèi hǎole.

A: 我不是会员，那就要一个床位好了。

Hǎo, qǐng nín dēngjì yíxià xìngmíng、hùzhào hào.

R: 好，请您登记一下姓名、护照号。

Nǐ zhèlǐ kěyǐ shàngwǎng ma?

A: 你这里可以上网吗？

Fángjiān li dōu yǒu wúxiànwǎng, bù xūyào mìmǎ. Dàtīng li yǒu liǎng tái diànnǎo kěyǐ shàngwǎng. Fùjìn yě yǒu wǎngbā.

R: 房间里都有无线网，不需要密码。大厅里有两台电脑可以上网。附近也有网吧。

Qǐng gěi wǒ yì zhāng nǐmen de míngpiàn.

A: 请给我一张你们的名片。

Hǎo de, gěi nín.

R: 好的，给您。

A: How much do you charge?

R: 40 yuan for a bed, 120 yuan for a double room, and 180 yuan for a standard room. Prices are lower if you're member of the International Youth Hostel Federation.

A: I'm not a member. I'll have a bed, please.

R: All right. Please register your name and passport number.

A: Can I use the Internet here?

R: There is wireless network in all the rooms, and there is no password. The two computers in the lobby can access to Internet. There are also cyber café in the vicinity.

A: Can I have one of your cards?

R: Of course, here you are.

New Words

标准间	biāozhǔnjiān	standard room
客满	kèmǎn	fully booked
公共	gōnggòng	public
浴室	yùshì	bathroom
普通	pǔtōng	ordinary
会员	huìyuán	member
登记	dēngjì	register
密码	mìmǎ	password

Additional Expressions

Room Types

套房	tàofáng	suite of rooms
大床房	dàchuángfáng	king size bedroom
单人间	dānrénjiān	single room
多人间	duōrénjiān	multiple bedded room

Words Related to Lodging

入住	rùzhù	check in
退房	tuì fáng	check out
换房	huàn fáng	change a room
办手续	bàn shǒuxù	go through formalities

Goods and Facilities in the Room

床单	chuángdān	bed sheet
被子	bèizi	quilt
空调	kōngtiáo	air conditioner
网络	wǎngluò	Internet
暖气	nuǎnqì	heating
淋浴	línyù	shower
卫生纸	wèishēngzhǐ	toilet paper
插座	chāzuò	outlet
开关	kāiguān	switch

TIP

Hotels on Tours

Foreigners traveling in China can only stay in hotels which are registered to accommodate foreigners. You can find the label "Authorization to accommodate foreigners" hung on the main entrances or in the halls of qualified hotels. Many foreign tourists prefer to stay in youth hostels, which can be found in most cities in China. Most of them are members of the International Youth Hostel Federation. Just as in most places, the youth hostels of China are favorite gathering places for independent tourists. Small inns in scenic areas are usually called "... Lodge", and they mainly cater to independent tourists. Their standard is quite similar to that of the youth hostels. You are advised to look at the room and other facilities before you check in.

NOTE

yuē rén tóngxíng

6 约人同行

Traveling with Others

Basic Sentences

Jiù wǒ yí gè rén.

31. 就我一个人。

I'm going alone.

Qù nǎr zhǎo tóngbàn ne?

32. 去哪儿找同伴呢？

Where can I find a travel companion?

Wǒ zìjǐ qù wèn ba.

33. 我自己去问吧。

I'll ask them myself.

Zánmen míngtiān néng yìqǐ zǒu ma?

34. 咱们明天能一起走吗？

Shall we go together tomorrow?

Nǐ yě yìqǐ qù ba, sì gè rén bāochē zuì héshì.

35. 你也一起去吧，四个人包车最合适。

You may as well join us, the price is very reasonable if four of us rent one car.

Rén duō dehuà, nà wǒ yě qù ba.

36. 人多的话，那我也去吧。

There'll be many there. I think I'll come too.

A: 艾琳（*Ailieen*） T: 游客（*Tourist*）

R: 前台（*Receptionist*）

Dialogues

hé qiántái liáotiānr
(1) 和前台聊天儿

(Àilín zhùxià hòu, hé qiántái liáotiānr.)
（艾琳住下后，和前台聊天儿。）

Nǐ míngtiān dǎsuàn qù nǎr?
R: 你明天打算去哪儿？

Wǒ xiǎng qù Hǔtiào Xiá túbù.
A: 我想去虎跳峡徒步。

Nǐ yí gè rén ma?
R: 你一个人吗？

Shì a, jiù wǒ yí gè rén. Zěnme le?
A: 是啊，就我一个人。怎么了？

Nà duàn lù bǐjiào wēixiǎn, nǐ zuìhǎo zhǎo gè tóngbàn.
R: 那段路比较危险，你最好找个同伴。

Qù nǎr zhǎo tóngbàn ne?
A: 去哪儿找同伴呢？

zhǐ pángbiān jiǔbā de zhuōzi Tīngshuō tāmen jǐ gè yě yào qù Hǔtiào Xiá, yào bu yào wǒ bāng nǐ wènwen?
R:（指旁边酒吧的桌子）听说他们几个也要去虎跳峡，要不要我帮你问问？

Xièxie, wǒ zìjǐ qù wèn ba.
A: 谢谢，我自己去问吧。

(1) Chatting with the Receptionist

(Having settled down, Aileen is chatting with the receptionist.)

R: Where are you planning to go tomorrow?

A: I'm thinking of hiking to Hutiao Valley.

R: Are you going alone?

A: Yes, I'm going alone. Why do you ask?

R: The condition of the road is dangerous there. You'd better find a travel companion.

A: Where can I find a travel companion?

R: *(pointing to the next table in the bar)* I hear they're going to Hutiao Valley. Shall I ask about it for you?

A: Thanks. I'll ask them myself.

xúnzhǎo tóngbàn

(2) 寻找 同伴

(Àilín qù pángbiān zhuōzi dǎting.)

（艾琳去旁边桌子打听。）

Duìbuqǐ, dǎrǎo yíxià, tīngshuō nǐmen

A:对不起，打扰一下，听说你们

dǎsuàn qù Hǔtiào Xiá?

打算去虎跳峡？

Duì, wǒ qù, wǒ nǚpéngyou yě yào qù.

T1: 对，我去，我女朋友也要去。

Wǒ jiù shì yí gè rén, búguò wǒ hái méi

T2: 我就是一个人，不过我还没

juédìng. Zěnme? Nǐ yě yào qù?

决定。怎么？你也要去？

Zánmen míngtiān néng yìqǐ zǒu ma?

A: 咱们明天能一起走吗？

Nǐmen yǒu jǐ gè rén?

T1: 你们有几个人？

Jiù wǒ yí gè. (duì yóukè èr) Nǐ yě

A: 就我一个。（对游客2）你也

yìqǐ qù ba, sì gè rén bāochē zuì héshì.

一起去吧，四个人包车最合适。

Nǐmen dǎsuàn qù duō jiǔ?

T2: 你们打算去多久？

Tīngshuō yào liǎng tiān, míngtiān zǎo diǎnr zǒu,

A: 听说要两天，明天早点儿走，

hòutiān xiàwǔ néng huílái.

后天下午能回来。

(2) Looking for Companions

(Aileen goes to the next table.)

A: Excuse me. I heard you're going to Hutiao Valley?

T1: Yes,I am. My girl friend is going there too.

T2: I was going to go alone, but I haven't decided yet. Why? Are you going too?

A: Yes. Shall we go together tomorrow?

T1: How many are with you?

A: Just me. *(to tourist 2)* You may as well join us, the price is very reasonable if four of us rent one car.

T2: How many days will it take?

A: I hear it'll take two days. If we set out early tomorrow morning, we can come back the following afternoon.

Hutiao Valley

Rén duō dehuà, nà wǒ yě qù ba, míngtiān

T2: 人多的话，那我也去吧，明天

jǐ diǎn zǒu?

几点走？

Bā diǎn zěnmeyàng?

A: 8点怎么样？

Xíng, zánmen ménkǒu jiàn.

T1、T2: 行，咱们门口见。

T2: I think I'll come too. What time should we leave?

A: How about 8:00 tomorrow morning?

T1, T2: OK. We'll meet at the gate.

New Words

徒步	túbù	hiking
同伴	tóngbàn	companion
打扰	dǎrǎo	disturb
决定	juédìng	decide
包车	bāochē	rent a car
合适	héshì	reasonable

Additional Expressions

Expressions Showing Hesitation

不一定	bù yídìng	uncertain
再考虑考虑	zài kǎolǜ kǎolǜ	on second thought...
再想想	zài xiǎngxiang	think it again
商量一下	shāngliang yíxià	have a discuss

TIP *Where to Find a Travel Companion*

For independent travelers, it is important to find some travel companions if you want to organize your own trip. Before setting out, you can advertize for travel companions on BBS or other tourist websites, especially those for professional independent tours or outdoor sports such as Beijing Green Field (http://www.lvye.org), Shenzhen Mill (http://www.doyouhike.net/), Sina Tourism Forum (http://forum.life.sina.com.cn/) and Sanfo Outdoor Sports (http://www.sanfo.com/bbs/). People often look there for travel companions. During your trip, you can visit local places where tourists gather, such as youth hostels and bars. You can often find bulletin boards with tourists advertising for travel companions. You can also chat with the owners and clerks, who may give you some useful information. In addition, if you meet a hiker on the trip, start a conversation with him/her. He/She may become a good travel companion.

xúnzhǎo měishí

7 寻找美食

Looking for Delicious Food

Basic Sentences

Shànghǎi yǒu shénme tèsè xiǎochī a?

37. 上海有什么特色小吃啊？

Are there any special Shanghai snacks?

Zài nǎr néng chīdào?

38. 在哪儿能吃到？

Where can we eat them?

Nà shì jǐshí nián de lǎozìhao.

39. 那是几十年的老字号。

It's an old restaurant with a long history.

Nǐ yí gè rén kěnéng chī bu liǎo.

40. 你一个人可能吃不了。

You won't be able to eat it all.

Wǒ pà là.

41. 我怕辣。

I can't eat spicy food.

Xíng, nà lái yì wǎn ba.

42. 行，那来一碗吧。

All right. I'll have a bowl of it.

M: 马　丁（*Martin*）　G: 导　游（*Guide*）

L: 刘　明（*Liu Ming*）　S: 小　贩（*Street Vendor*）

Dialogues

xúnzhǎo fēngwèi xiǎochī diàn

(1) 寻找风味小吃店

(Mǎdīng dào Shànghǎi zhǎo péngyou Liú Míng wánr.)

（马丁到上海找朋友刘明玩儿。）

Shànghǎi yǒu shénme tèsè xiǎochī a?

M: 上海有什么特色小吃啊？

Shànghǎi tèsè xiǎochī tài duō le, yǒu jǐshí zhǒng ne.

L: 上海特色小吃太多了，有几十种呢。

Zuì yǒumíng de shì shénme?

M: 最有名的是什么？

Shēng jiān mántou, Nánxiáng xiǎolóngbāo dōu hěn yǒumíng. Nǐ xiǎng chī shénme?

L: 生煎馒头，南翔小笼包都很有名。你想吃什么？

Dōu xíng, yǒu Shànghǎi tèsè jiù kěyǐ. Zài nǎr néng chīdào?

M: 都行，有上海特色就可以。在哪儿能吃到？

Zánmen qù Chénghuáng Miào ba, nàr shénme xiǎochī dōu yǒu.

L: 咱们去城隍庙吧，那儿什么小吃都有。

Tài hǎo le, zánmen xiànzài jiù zǒu ba.

M: 太好了，咱们现在就走吧。

(1) Looking for Special Snacks Stores

(Martin has met his friend Liu Ming in Shanghai.)

M: Are there any special Shanghai snacks?

L: Too many, dozens.

M: Which are the most famous?

L: Fried buns and Nanxiang buns in cages are famous. Which would you prefer?

M: Either will do as long as it's Shanghai cuisine. Where can we find them?

L: Let's go to the Town God's Temple. You'll find all the different snacks there.

M: Great! Let's go now.

xúnzhǎo zhùmíng cāntīng
(2) 寻找著名餐厅

(Mǎdīng gēn lǚxíngtuán láidào Guǎngzhōu.)
（马丁跟旅行团来到广州。）

Tīngshuō Guǎngdōng yǒu yí dào míng cài jiào shāo'é,
M: 听说广东有一道名菜叫烧鹅，
fēicháng hǎochī.
非常好吃。

Shì a, tèbié shì Táotáojū Jiǔjiā zuò
G: 是啊，特别是陶陶居酒家做
de, wèidào xiāngdāng búcuò.
的，味道相当不错。

Táotáojū Jiǔjiā? Shì hěn yǒumíng de cān-
M: 陶陶居酒家？是很有名的餐
tīng ma?
厅吗？

Dāngrán, nà shì jǐshí nián de lǎozìhao.
G: 当然，那是几十年的老字号。

Zánmen huì qù nàr chīfàn ma?
M: 咱们会去那儿吃饭吗？

Wǒmen de xíngchéng li méiyǒu ānpái.
G: 我们的行程里没有安排。

Nà wǒ néng zìjǐ qù yí tàng ma?
M: 那我能自己去一趟吗？

Dāngrán kěyǐ, búguò, nǐ yí gè rén
G: 当然可以，不过，你一个人
kěnéng chī bu liǎo.
可能吃不了。

(2) Looking for Famous Restaurants

(Martin goes to Guangzhou with a tour group.)

M: I hear that roast goose is a famous Cantonese dish, and it's very tasty.

G: Yes, it's delicious, especially when made in the Taotaoju Restaurant.

M: Taotaoju Restaurant? Is it very famous?

G: Of course. It's an old restaurant with a long history.

M: Should we eat there?

G: It's not on our schedule.

M: Can I go there by myself?

G: Certainly. But you won't be able to eat it all.

(3) 寻找街头小吃摊

xúnzhǎo jiētóu xiǎochī tān

(Mǎdīng zài Xī'ān jiē shang guàng, kàndào yìxiē xiǎochī tānwèi.)
（马丁在西安街上逛，看到一些小吃摊位。）

Zhè shì shénme dōngxi?
M：这是什么东西？

Zhè shì liángpí, yòng dàmǐfěn zuò de. Dào Xī'ān bù chī liángpí, děngyú méi lái Xī'ān.
S：这是凉皮，用大米粉做的。到西安不吃凉皮，等于没来西安。

Shì ma? Tóu yí cì tīngshuō. Wèidào zěnmeyàng?
M：是吗？头一次听说。味道怎么样？

Zhège —, bù chī bù zhīdào, wǒ mài de liángpí hǎochī de hěn.
S：这个——，不吃不知道，我卖的凉皮好吃得很。

Là bu là a? Wǒ pà là.
M：辣不辣啊？我怕辣。

Kěyǐ bú fàng làjiāo.
S：可以不放辣椒。

Xíng, nà lái yì wǎn ba!
M：行，那来一碗吧！

Yàoshi zài pèishàng ròujiāmó, nǐ de wǎnfàn jiù jiějué le.
S：要是再配上肉夹馍，你的晚饭就解决了。

(3) Looking for Food Stalls

(Martin is wandering around Xi'an and finds some food stalls in the street.)

M: What's this?

S: This is *Liangpi*, made from rice powder. It's a must for people coming to Xi'an.

M: Really? This is the first time I've heard of it. What does it taste like?

S: Well, tasting is believing. It's very tasty.

M: Is it spicy? I can't eat spicy food.

S: Then I won't add any hot pepper.

M: All right, I'll have a bowl of it.

S: Your dinner will be perfect if you also have a Chinese sandwich —— *Roujiamo*.

New Words

特色	tèsè	special characteristics
小吃	xiǎochī	snacks
道	dào	course (a measure word for dishes of a dinner)
味道	wèidào	taste
老字号	lǎozìhao	time-honoured business
辣椒	làjiāo	hot pepper
配	pèi	go with
解决	jiějué	solve

Additional Expressions

Famous Snacks in China

油条

yóutiáo

fried bread stick

豆浆

dòujiāng

soybean milk

馄饨

húntun

wonton

春卷

chūnjuǎn

spring rolls

羊肉串

yángròuchuàn

lamb kebab

麻辣烫

málàtàng

spicy hot vegetables

小笼包

xiǎolóngbāo

Shanghai style Baozi

(buns in cages)

TIP

Snacks You Must Not Miss

China is famous for its delicious food. Besides plenty of delicate and complicated dishes, there are a lot of snacks special to particular places. These famous snacks include: Chinese sandwiches (*Roujiamo*) and *Liangpi* in Xi'an, beef noodles in Lanzhou, rice noodles in Kunming and Guilin, Nanxiang buns in cages in Shanghai, Goubuli buns in Tianjin, roast lamb kebab in Xinjiang, and food made of flour in Shanxi. Roast duck is special to Beijing, and similarly the delicious foods mentioned above are a must if you go to those places. Generally speaking, there will be several famous restaurants for each snack. They may not be very big, but the cuisine is outstanding.

Liangpi

Roujiamo

NOTE

bāochē

8 包车

Renting a Car

Basic Sentences

Zěnme qù gèng hǎo?

43. 怎么去更好？

What's the best way of getting there?

Zài nǎr néng bāodào chē?

44. 在哪儿能包到车？

Where can I rent a car?

Láihuí yào duō cháng shíjiān?

45. 来回要多长时间？

How long will the round trip take?

Míngtiān jiù bāo nín de chē le.

46. 明天就包您的车了。

I'll rent your car for tomorrow.

Wǒ qù jiē nǐmen.

47. 我去接你们。

I'll pick you up.

Hǎo, shuōdìng le!

48. 好，说定了！

OK. That's settled!

A: 艾琳（*Aileen*）　C: 店员（*Clerk*）

D: 司机（*Driver*）

Dialogues

xúnwèn yǒuguān bāochē de shì
(1) 询问有关包车的事

(Àilín xiǎng qù Xiānggélǐlā de Bìtǎ Hǎi, zài
（艾琳想去香格里拉的碧塔海，在
qīngnián lǚshè hé diànyuán shāngliang.)
青年旅舍和店员商量。）

Láojià wèn nín yíxià, zuò chángtú chē qù
A: 劳驾问您一下，坐**长途**车去
Bìtǎ Hǎi fāngbiàn ma?
碧塔海方便吗？

Wǒ juéde bú tài fāngbiàn, chángtú chē shǎo,
C: 我觉得不太方便，长途车少，
érqiě xià chē yǐhòu hái yào zǒu hěn yuǎn.
而且下车以后还要走很远。

Zěnme qù gèng hǎo?
A: 怎么去更好？

Hěn duō rén bāochē qù, yòu kuài yòu fāngbiàn.
C: 很多人包车去，又快又方便。

Zài nǎr néng bāodào chē?
A: 在哪儿能包到车？

Nǐ kěyǐ qù chángtú qìchē zhàn ménkǒu kàn
C: 你可以去长途汽车站门口看
yi kàn. Lǚxíngshè yě kěyǐ bāochē.
一看。旅行社也可以包车。

(1) Inquiries About Car Rentals

(Aileen wants to go to Bita Lake in Shangri-la. She is discussing it with the clerk at the youth hostel.)

A: Excuse me. Could you tell me whether it's possible to go to Bita Lake by long-distance bus?

C: I'm afraid not because there're very few long-distance buses. In any case, you have to walk a long way after getting off the bus.

A: Then what's the best way of getting there?

C: Many people rent a car. It's fast and convenient.

A: Where can I rent a car?

C: Check at the main entrance of the long-distance bus station. Car rentals are also available through a travel agent.

shāngliang bāochē

(2) 商量包车

(Zài chángtú qìchē zhàn ménkǒu.)

(在长途汽车站门口。)

Shīfu, wǒ xiǎng míngtiān bāo nín de chē qù

A: 师傅，我想明天包您的车去

Bìtǎ Hǎi, kěyǐ ma?

碧塔海，可以吗？

Méi wèntí, wǒ jīngcháng pǎo zhè tiáo xiàn.

D: 没问题，我经常跑这条线。

Láihuí yào duō cháng shíjiān?

A: 来回要多长时间？

Qù liǎng gè xiǎoshí, huí liǎng gè xiǎoshí, zài

D: 去两个小时，回两个小时，再

wánr liǎng xiǎoshí, chàbuduō yì tiān le.

玩儿两小时，差不多一天了。

Bāo yì tiān chē duōshao qián?

A: 包一天车多少钱？

Wǔbǎi yuán.

D: 500元。

Lù shang néng qù yí tàng Sōngzànlín Sì ma?

A: 路上能去一趟松赞林寺吗？

Nà yào guǎi gè wānr, búguò, yě méi

D: 那要拐个弯儿，不过，也没

wèntí.

问题。

Hǎo, míngtiān jiù bāo nín de chē le, wǒmen

A: 好，明天就包您的车了，我们

(2) Discussing Car Rentals

(At the main entrance of the long-distance bus station.)

A: Excuse me, sir, can I rent your car to go to Bita Lake?

D: No problem. I often go there.

A: How long will the round trip take?

D: Two hours going and two coming back, with another two hours for sightseeing, so it's almost a day.

A: How much for one day?

D: 500 yuan.

A: Can we stop over at Songzanlin Temple?

D: Oh, we have to make a turn to there. But, that'll be no problem.

A: All right. I'll rent your car for tomorrow. We have a total of four people.

yígòng sì gè rén.
一共四个人。

Xíng, bǎ shíjiān、 dìdiǎn gàosu wǒ, wǒ qù jiē nǐmen.
D: 行，把时间、地点告诉我，我去接你们。

Wǒ zhù zài Gǔchéng Qīngnián Lǚshè, shàngwǔ jiǔ diǎn láidejí ma?
A: 我住在古城青年旅舍，上午9点来得及吗？

Láidejí, wǒ jiǔ diǎn zài lǚguǎn ménkǒu děng nǐmen.
D: 来得及，我9点在旅馆门口等你们。

Hǎo, shuōdìng le! Nín gěi wǒ liú gè diànhuà ba!
A: 好，说定了！您给我留个电话吧！

D: OK. Tell me the time and address, and I'll pick you up.

A: I'm staying at the Gucheng Youth Hostel. Is 9 o'clock early enough?

D: Sure. I'll wait for you at the main entrance of the hostel at 9:00.

A: OK. That's settled! Give me your phone number, please.

New Words

长途	chángtú	long-distance
线	xiàn	route
来回	láihuí	a round trip
趟	tàng	(a measure word for a trip)
拐弯儿	guǎiwānr	make a turn
来得及	láidejí	be able to do sth. in time

Additional Expressions

Common Vehicle Models

货车
huòchē
truck

小轿车
xiǎo jiàochē
car

大客车
dà kèchē
coach

吉普车
jípǔchē
jeep

面包车
miànbāochē
minibus

中巴车
zhōngbā chē
van

TIP

Transportation on Tours

After getting to your destination by train or air, other transportation will be mainly by car or on foot. There are long-distance bus stations, bus stations and taxis in every city. Certainly the most convenient way is to rent a car. Though the price for renting a car may seem expensive, it is not necessarily more expensive than a long-distance bus if several people share the cost. The cost of renting a car is based on the total number of days or the distance to be covered. The charge for a minibus is similar to that of a local taxi, but an SUV will be three to five times higher. It is necessary to have an experienced driver when you rent a car. You can enquire about car rentals at hotels and travel agents, or talk to a taxi driver directly.

NOTE

mǎi jìniànpǐn hé tèchǎn

9 买纪念品和特产

Buying Souvenirs and Specialities

Basic Sentences

Qǐng suíbiàn kànkan (zhèxiē jìniànpǐn).

49. 请随便看看（这些纪念品）。

Have a look at (these souvenirs).

Wǒ xiān kànkan bié de.

50. 我先看看别的。

I'll look at the other things first.

Wǒ xiǎng mǎi gè jìniànpǐn sòng péngyou.

51. 我想买个纪念品送朋友。

I want to buy a souvenir for my friend.

Tài guì le, piányi diǎnr ba.

52. 太贵了，便宜点儿吧。

It's too expensive. Can I have it a little cheaper?

Rénmen yìbān mǎi shénme?

53. 人们一般买什么？

What do people usually buy?

Zhè shì zhèngzōng de Yúnnán tèchǎn.

54. 这是正宗的云南特产。

This is a traditional Yunnan speciality.

A: 艾琳（*Aileen*） C: 店员（*Clerk*）

M: 马丁（*Martin*）

Dialogues

mǎi jìniànpǐn

(1) 买纪念品

Nín hǎo, qǐng suíbiàn kànkan. Wǒmen zhèlǐ dōu shì Chángchéng jìniànpǐn.

C: 您好，请随便看看。我们这里都是长城纪念品。

Zhè jiàn T xù shàngmiàn xiě de shì shénme?

M: 这件T恤上面写的是什么？

Xiě de shì "bú dào Chángchéng fēi hǎohàn", shuōmíng nín dàoguo Chángchéng le. Nín lái yí jiàn ma?

C: 写的是"不到长城非好汉"，说明您到过长城了。您来一件吗？

Ò, wǒ xiān kànkan bié de.

M: 哦，我先看看别的。

Nín shì sòng rén ne? Háishi zìjǐ yòng?

C: 您是送人呢？还是自己用？

Wǒ xiǎng mǎi gè jìniànpǐn sòng péngyou.

M: 我想买个纪念品送朋友。

Nín kàn zhège xiǎo Chángchéng móxíng zěnmeyàng?

C: 您看这个小长城模型怎么样？

Èrbǎi bāshí kuài? Tài guì le, piányi diǎnr ba.

M: 280块？太贵了，便宜点儿吧。

(1) Buying Souvenirs

C: Hi, have a look at these souvenirs. They're all about the Great Wall.

M: What's written on the T-shirt?

C: It reads,"He who fails to climb the Great Wall is not a hero." It shows that you've been to the Great Wall. Would you like to buy one?

M: Oh, I'll look at the other things first.

C: Is it for you or a present for someone else?

M: I want to buy a souvenir for my friend.

C: How about a miniature model of the Great Wall?

M: 280 yuan? It's too expensive. Can I have it a little cheaper?

(2) 买特产
mǎi tèchǎn

(Àilín zài Yúnnán Lìjiāng de tǔtèchǎn shāngdiàn.)
（艾琳在云南丽江的土特产商店。）

Nín zhèlǐ nǎxiē shì Lìjiāng tèchǎn?
A：您这里哪些是丽江特产？

Zhèxiē dōu shì.
C：这些都是。

Rénmen yìbān mǎi shénme?
A：人们一般买什么？

Hěn duō rén mǎi máoniúròugān, sòng rén huòzhě zìjǐ chī dōu hěn héshì.
C：很多人买牦牛肉干，送人或者自己吃都很合适。

Wǒ zài bié de dìfang hǎoxiàng yě jiànguo.
A：我在别的地方好像也见过。

Zhè shì zhèngzōng de Yúnnán tèchǎn, wèidào dìdao, yě bǐjiào xīnxiān.
C：这是正宗的云南特产，味道地道，也比较新鲜。

Hǎo ba, wǒ lái liǎng dài.
A：好吧，我来两袋。

(2) Buying Specialities

(Aileen is in a speciality shop in Lijiang, Yunnan.)

A: What are the specialities of Lijiang?

C: These are all special to Lijiang.

A: What do people usually buy?

C: Many people buy yak charqui. It's suitable as a present or for your own consumption.

A: I remember that I saw this in other places.

C: This is a traditional Yunnan speciality, tasty and fresh.

A: All right, I'll buy two bags.

New Words

纪念品	jìniànpǐn	souvenirs
T恤	T xù	T-shirt
好汉	hǎohàn	true man
模型	móxíng	model
特产	tèchǎn	specialities
牦牛肉干	máoniúròugān	yak charqui
正宗	zhèngzōng	authentic
地道	dìdao	typical

Additional Expressions

Common Specialities and Souvenirs

食品	shípǐn	food
文化衫	wénhuàshān	cultural T-shirt
工艺品	gōngyìpǐn	handicrafts
纪念币	jìniànbì	commemorative coin
明信片	míngxìnpiàn	postcard
民族服装	mínzú fúzhuāng	ethnic costumes

TIP

Where to Buy Tourist Souvenirs

When traveling to new places, you really should buy some local specialities or souvenirs, for example, Jingtailan china in Beijing, silk and tea in Hangzhou, embroidery in Suzhou, china in Jingdezhen, ginseng in the northeast, Hetian jade in Xinjiang, and ethnic costumes of Yunnan and Tibet. It is better to buy them in shops selling tourist souvenirs, since those in scenic areas and small road-side stalls are likely to be of inferior quality. In addition, it is a good idea to buy some postcards to mail home. You must be very cautious about buying valuable objects like jewelery. It would be better not to buy them at scenic areas, and if you do, remember to ask for receipts and certificates. You should also remember that knives, alcohol, and fireworks are forbidden on trains or planes.

NOTE

xúnzhǎo wèishēngjiān、 diànhuà hé wǎngbā

10 寻找卫生间、电话和网吧

Looking for Restrooms, Telephones and Internet Cafés

Basic Sentences

Wǒ dùzi bú tài shūfu.

55. 我肚子不太舒服。

I have a stomachache.

Wǒ chūlái zěnme zhǎo nǐmen?

56. 我出来怎么找你们？

How will I find you after I come out?

Wǒ xiǎng dǎ gè guójì chángtú.

57. 我想打个国际长途。

I want to make a long-distance, international call.

Dǎdào Xīnxīlán duōshao qián yì fēnzhōng?

58. 打到新西兰多少钱一分钟？

How much is a long-distance call to New Zealand per minute?

Wǒ xiǎng fā diànzǐ yóujiàn, nǎr kěyǐ shàngwǎng?

59. 我想发电子邮件，哪儿可以上网？

I want to send an e-mail, where can I surf the Internet?

Nàr de diànnǎo kěyǐ jiē qítā shèbèi ma?

60. 那儿的电脑可以接其他设备吗？

Bǐrú xiàngjī、 shǒujī shénmede …

比如相机、手机什么的……

Can the computer there be connected to the other equipments? Such as a digital camera, mobile phone ...

B: 布朗（*Brown*） G: 导游（*Guide*）

R: 前台（*Receptionist*）

Dialogues

zhǎo wèishēngjiān
(1) 找卫生间

(Bùlǎng hé lǚxíngtuán yìqǐ zài jǐngdiǎn cānguān.)
（布朗和旅行团一起在景点参观。）

Qǐngwèn, nǎr yǒu wèishēngjiān?
B: 请问，哪儿有卫生间？

Fùjìn yǒu yí gè gōnggòng wèishēngjiān, dànshì bú tài gānjìng. Nǐ néng děng yíhuìr ma?
G: 附近有一个公共卫生间，但是不太干净。你能等一会儿吗？

Wǒ dùzi bú tài shūfu, zuìhǎo kuài diǎnr.
B: 我肚子不太舒服，最好快点儿。

Qiánmiàn yǒu gè bīnguǎn, lǐmiàn yīnggāi yǒu.
G: 前面有个宾馆，里面应该有。

(zǒudào bīnguǎn ménkǒu)
（走到宾馆门口）

Nǐ kuài qù ba.
G: 你快去吧。

Nǐmen xiànzài qù nǎr? Wǒ chūlái zěnme zhǎo nǐmen?
B: 你们现在去哪儿？我出来怎么找你们？

Wǒmen jiù zài duìmiàn děng nǐ.
G: 我们就在对面等你。

(1) Looking for a Restroom

(Brown is visiting a scenic spot with a tour group.)

B: Excuse me. Where is the restroom?

G: There's a restroom nearby, but it's not clean. Is it urgent?

B: The sooner the better because I have a stomachache.

G: There's a hotel not far ahead, and there should be a restroom there.

(They walk to the main entrance of the hotel.)

G: Go now.

B: Where are you going now? How will I find you after I come out?

G: We'll wait for you across the road.

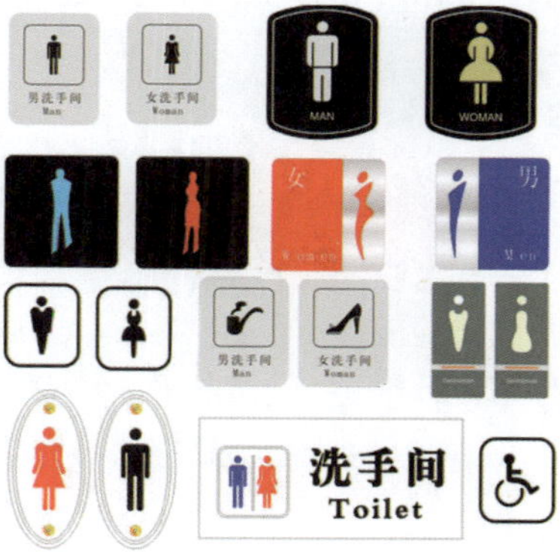

zhǎo gōngyòng diànhuà

(2) 找公用电话

(Bùlǎng xiǎng dǎ diànhuà.)

(布朗想打电话。)

Nǎr yǒu gōngyòng diànhuà? Wǒ xiǎng dǎ gè diànhuà.

B: 哪儿有公用电话？我想打个电话。

Shìhuà háishi chángtú? Shìhuà fángjiān li de diànhuà jiù néng dǎ, miǎnfèi de.

R: 市话还是长途？市话房间里的电话就能打，免费的。

Wǒ xiǎng dǎ gè guójì chángtú. Fángjiān li guójì chángtú tài guì le.

B: 我想打个国际长途。房间里国际长途太贵了。

Nà nín kěyǐ qù duìmiàn de shāngdiàn, lǐmiàn yǒu IP diànhuà, dǎ guójì chángtú bǐjiào piányi.

R: 那您可以去对面的商店，里面有IP电话，打国际长途比较便宜。

Dǎdào Xīnxīlán duōshao qián yì fēnzhōng?

B: 打到新西兰多少钱一分钟？

Zhè wǒ bù qīngchu, nǐ dào lǐbian wènwen ba.

R: 这我不清楚，你到里边问问吧。

(2) Looking for a Public Telephone

(Brown wants to make a call.)

B: Is there a public telephone nearby? I want to make a call.

R: A local call or a long-distance call? If it's a local call, you can use the telephone in your room. It's free.

B: I want to make a long-distance, international call. It's too expensive to use the telephone in the room.

R: In that case you can go to the shop on the opposite side where there is a IP card phone. It's cheaper to make international calls there.

B: How much is a long-distance call to New Zealand per minute?

R: I'm not sure. Please go inside and ask.

zhǎo dìfang shàngwǎng
(3) 找地方上网

(Bùlǎng xiǎng fā diànzǐ yóujiàn, qù wèn bīnguǎn
(布朗想发电子邮件，去问宾馆

qiántái.)
前台。)

Wǒ xiǎng fā diànzǐ yóujiàn. Nǎr kěyǐ
B: 我想发电子邮件。哪儿可以

shàngwǎng?
上网？

Fángjiān li jiù yǒu wǎngluò, yě kěyǐ wúxiàn
R: 房间里就有网络，也可以无线

shàngwǎng.
上网。

Kěshì wǒ méi dài diànnǎo, shǒujī yě bù
B: 可是我没带电脑，手机也不

fāngbiàn fā fùjiàn.
方便发附件。

Nín kěyǐ qù wǒmen de shāngwù zhōngxīn,
R: 您可以去我们的商务中心，

nàlǐ yǒu diànnǎo kěyǐ shàngwǎng.
那里有电脑可以上网。

Nàr de diànnǎo kěyǐ jiē qítā shèbèi ma?
B: 那儿的电脑可以接其他设备吗？

Bǐrú xiàngjī、 shǒujī shénmede ...
比如相机、手机什么的……

Kěyǐ.
R: 可以。

(3) Wanting to Sent an E-mail

(Brown wants to send an e-mail, so he goes to consult the receptionist.)

B: I want to send an e-mail. Where can I surf the Internet?

R: You can just get online or use wifi in your room.

B: But I don't have a computer. It's not convenient to send an appendix with a mobile phone.

R: Then you can go to our business centre and use the computer there to go online.

B: Can the computer there be connected to the other equipments? Such as a digital camera, mobile phone ...

R: I think so.

New Words

舒服	shūfu	comfortable
免费	miǎnfèi	free
电子邮件	diànzǐ yóujiàn	e-mail
网络	wǎngluò	network
附件	fùjiàn	appendix
商务中心	shāngwù zhōngxīn	business centre

Additional Expressions

Common Places to Go During a Tour

服务区	fúwùqū	service centre
加油站	jiāyóuzhàn	gas station
电话亭	diànhuàtíng	telephone booth
问讯处	wènxùnchù	information office
长途汽车站	chángtú qìchē zhàn	long-distance bus station

TIP

Restrooms in China

In Chinese, there are several terms for toilets, from the more refined "lavatory" or "restroom" to the more casual "WC". The condition of the restrooms in good hotels is usually good, with toilet paper provided, but it is not available in the restrooms at most scenic spots. There are no doors to the partitions in the worst restrooms, and some may not even have partitions. The restrooms in remote areas are mostly simple. However, when in Rome, do as the Romans do. Nobody will think it strange.

Finally, remember to take toilet paper with you when you go to the restroom.

mǎi piào

11 买票

Buying Tickets

Basic Sentences

Ménpiào duōshao qián yì zhāng?

61. 门票多少钱一张？

How much is a ticket?

Xiànzài shì wàngjì jiàgé.

62. 现在是旺季价格。

It's the price in high season now.

Zhèlǐ zěnme yǒu liǎng zhǒng ménpiào jiàgé?

63. 这里怎么有两种门票价格？

Why are there two different prices for the ticket?

Dōu kànwán yào duō cháng shíjiān?

64. 都看完要多长时间？

How long will it be for all of the scenic spots?

Lǎnchē néng dào shāndǐng ma?

65. 缆车能到山顶吗？

Does the cable car go to the top of the mountain?

Dānchéng dàgài èrshí fēnzhōng.

66. 单程大概二十分钟。

It's about twenty minutes for taking one-way.

A: 艾 琳（*Aileen*）　C: 售票员（*Clerk*）

Dialogues

mǎi ménpiào
(1) 买门票（I）

(Àilín dàole yí gè jǐngdiǎn ménkǒu de shòupiàochù.)
（艾琳到了一个景点门口的售票处。）

Ménpiào duōshao qián yì zhāng?
A：门票多少钱一张？

Wǔshí.
C：50。

Zhǎngjià le ma? Wǒ de 《Lǚyóu Zhǐnán》shang xiě de shì yì zhāng sānshí kuài a, nín kàn.
A：涨价了吗？我的《旅游指南》上写的是一张30块啊，您看。

Nà shì dànjì jiàgé, xiànzài shì wàngjì jiàgé.
C：那是淡季价格，现在是旺季价格。

Ò, yǒu xuéshēngpiào ma?
A：哦，有学生票吗？

Xuéshēngpiào sānshí, qǐng chūshì nín de xuéshēngzhèng.
C：学生票30，请出示您的学生证。

Wǒ méiyǒu Zhōngguó de xuéshēngzhèng, dànshì wǒ shì xuésheng.
A：我没有中国的学生证，但是我是学生。

Duìbuqǐ, àn guīdìng bìxū yào xuéshēngzhèng.
C：对不起，按规定必须要学生证。

(1) Buying Tickets (I)

(Aileen is at the ticket office at the entrance of a scenic spot.)

A: Excuse me. How much is a ticket?

C: 50 yuan.

A: Has the ticket price gone up? My guidebook says it's 30 yuan.

C: That's the price in low season. It's high season now.

A: I see. Are there student tickets?

C: 30 yuan for a student ticket. Please show me your student card.

A: I don't have a Chinese student card, but I'm really a student.

C: Sorry, you have to show your student card according to the regulation.

mǎi ménpiào

(2) 买门票 (II)

(Àilín zài lìng yí gè lǚyóu jǐngdiǎn shòupiàochù.)

(艾琳在另一个旅游景点售票处。)

Qǐngwèn, zhèlǐ zěnme yǒu liǎng zhǒng ménpiào jiàgé?

A: 请问，这里怎么有两种门票价格？

Èrshí de zhǐshì ménpiào, lǐmiàn yǒude jǐngdiǎn yào zài mǎi piào.

C: 20的只是门票，里面有的景点要再买票。

Nà wǔshí de shì bu shì dōu kěyǐ kàn?

A: 那50的是不是都可以看？

Duì, wǔshí de shì tōngpiào, kěyǐ cānguān suǒyǒu de jǐngdiǎn.

C: 对，50的是通票，可以参观所有的景点。

Dōu kànwán yào duō cháng shíjiān?

A: 都看完要多长时间？

Kàn de kuài diǎnr, bàntiān jiù gòu le.

C: 看得快点儿，半天就够了。

Kàn de màn dehuà, dāi yì tiān yě kěyǐ.

看得慢的话，待一天也可以。

Lǐmiàn de jǐngdiǎn yě yào páiduì ma?

A: 里面的景点也要排队吗？

Yǒude yào pái.

C: 有的要排。

(2) Buying Tickets (II)

(Aileen is at the ticket office of another scenic spot.)

A: Excuse me. Why are there two different prices for the ticket?

C: The basic ticket is 20 yuan, but you need to buy more tickets inside.

A: Does a 50-yuan ticket include everything?

C: Yes, a 50-yuan ticket is an all-inclusive ticket for all scenic spots.

A: How long will it be for all of the scenic spots?

C: Half of a day is enough if you just have a look at them quickly. But you may also stay for the whole day if you want to visit around all of the spots slowly.

A: Should I also queue up for the spots inside?

C: Some of them.

mǎi lǎnchēpiào

(3) 买缆车票

(Àilín zài jǐngqū lǐmiàn de lǎnchē shòupiàochù.)

(艾琳在景区里面的缆车售票处。)

Lǎnchēpiào shì wǔshí ma?

A: 缆车票是50吗？

Dānchéng wǔshí, wǎngfǎn bāshí.

C: 单程50，往返80。

Lǎnchē néng dào shāndǐng ma?

A: 缆车能到山顶吗？

Bú dào, xià chē hái yào zǒu èrshí fēnzhōng dào shāndǐng.

C: 不到，下车还要走20分钟到山顶。

Dānchéng duō cháng shíjiān?

A: 单程 多 长 时间？

Dānchéng dàgài èrshí fēnzhōng.

C: 单程大概二十分钟。

Wǒ yào yì zhāng dānchéng de.

A: 我要一张 单程的。

(3) Buying Cable Car Tickets

(Aileen is at the cable car ticket office inside the scenic spot.)

A: Is the cost of a cable car ticket 50 yuan?

C: A one-way ticket is 50, and it costs 80 for a round trip.

A: Does the cable car go to the top of the mountain?

C: No, you have to walk for twenty minutes after you get off the cable car.

A: How long does it take one-way?

C: About twenty minutes.

A: I'll buy a one-way ticket.

New Words

涨价	zhǎngjià	rise in price
指南	zhǐnán	guide book
淡季	dànjì	low season
排队	páiduì	queue up
缆车	lǎnchē	cable car
单程	dānchéng	one-way
往返	wǎngfǎn	a round trip
山顶	shāndǐng	the top of the mountain

Additional Expressions

Words About Tickets

半票	bànpiào	half price ticket
免票	miǎnpiào	free ticket
套票	tàopiào	a set of tickets
年票	niánpiào	year-long ticket
副券	fùquàn	additional ticket
优惠票	yōuhuìpiào	ticket at reduced price
单程票	dānchéngpiào	one-way ticket
往返票	wǎngfǎnpiào	round-trip ticket

TIP

A Variety of Tickets

Ticket prices of famous scenic areas in China vary greatly depending on whether it is high or low season. There are also differences between the cost of basic tickets and all-inclusive tickets in some places. With a basic ticket you can only enter the scenic area and have to buy other tickets for the spots inside. Though the price of an all-inclusive ticket is higher, it covers all attractions and facilities, even cable cars. Thus, the price is actually lower than that of the sum of all the individual tickets. You can decide which ticket to buy according to your own schedule and interests. Student tickets are not available at all scenic areas, and even fewer areas accept international student cards. In some places like Jiuzhaigou, you can buy tickets for multiple-entries into the scenic areas within a certain length of time. If you plan to stay in the place for several days, it is a good idea to buy this kind of ticket.

Do not throw the tickets away afterwards as some of them are postcards, on which stamps are already printed, and you can write the address and post them immediately. Of course, they can only be mailed in China. If you want to mail it abroad, you need to put additional stamps on it .

NOTE

kàn dìtú

12 看地图

Reading a Map

Basic Sentences

Zhèlǐ yǒu dǎoyóutú ma?

67. 这里有导游图吗？

Do you have any tourist maps here?

Wǒ xiǎng yào gèng xiángxì diǎnr de.

68. 我想要更详细点儿的。

I want a more detailed one.

Zhè tiáo lù bú tài hǎo zǒu, dàn fēngjǐng zuì měi.

69. 这条路不太好走，但风景最美。

The condition of the road isn't good, but the scenery is beautiful.

Zhèyàng bú yòng zǒu huítóulù.

70. 这样不用走回头路。

That way you won't have to walk back the same way.

Dìtú hǎoxiàng cuò le.

71. 地图好像错了。

It seems that the map is wrong.

Tài hǎo le, kuài dào le!

72. 太好了，快到了！

Great! I'm nearly there!

A: 艾琳（*Aileen*） C: 售票员（*Clerk*）
P: 路人（*Passerby*）

Dialogues

(1) 买地图
mǎi dìtú

(Àilín zài jǐngqū shòupiàochù.)
(艾琳在景区售票处。)

Qǐngwèn, zhèlǐ yǒu dǎoyóutú ma?
A: 请问，这里有导游图吗？

Ménpiào bèimiàn jiù shì a.
C: 门票背面就是啊。

Zhège tài xiǎo le, wǒ xiǎng yào gèng xiángxì diǎnr de.
A: 这个太小了，我想要更详细点儿的。

Xiángxì de yǒu liǎng zhǒng, jiàgé yíyàng, nín kànkan yào nǎ zhǒng?
C: 详细的有两种，价格一样，您看看要哪种？

Wǒ yào zhāng dà diǎnr de.
A: 我要张大点儿的。

(2) 看地图
kàn dìtú

(Àilín zài ménkǒu názhe dìtú zīxún gōngzuò rényuán.)
(艾琳在门口拿着地图咨询工作人员。)

Dìtú shang yǒu zhème duō lù, zěnme zǒu zuì héshì?
A: 地图上有这么多路，怎么走最合适？

(1) Buying a Map

(Aileen is at the ticket office of the scenic area.)

A: Excuse me. Do you have any tourist maps here?

C: There's one on the back of the ticket.

A: That's too small. I want a more detailed one.

C: There're two sizes of maps. They are the same price. Which one do you prefer?

A: I'd like the bigger one, please.

(2) Reading a Map

(Aileen is talking to the clerk at the entrance.)

A: There're so many routes on the map, which one is the best route?

Yìbān dōu cóng zuǒbian zhè tiáo lù shàng、xià shān, lù jìn, yě bǐjiào hǎo zǒu, búguò rén yě bǐjiào duō.

C: 一般都从左边这条路上、下山，路近，也比较好走，不过人也比较多。

Yòubian zhè tiáo lù ne?

A: 右边这条路呢？

Zhè tiáo lù bú tài hǎo zǒu, dàn fēngjǐng zuì měi.

C: 这条路不太好走，但风景最美。

Zhè tiáo lù kàn shàngqù hěn cháng a, zǒu guòqù yào duō cháng shíjiān?

A: 这条路看上去很长啊，走过去要多长时间？

Shíjì méi nàme cháng, liǎng gè xiǎoshí jiù néng dào shāndǐng.

C: 实际没那么长，两个小时就能到山顶。

Wǒ cóng zhè tiáo lù shàng, cóng zuǒbian nà tiáo lù xià zěnmeyàng?

A: 我从这条路上，从左边那条路下怎么样？

Dāngrán kěyǐ, zhèyàng bú yòng zǒu huítóulù.

C: 当然可以，这样不用走回头路。

zhǐ dìtú Zhèlǐ shì shénme dìfang?

A:（指地图）这里是什么地方？

Zhè shì xīn kāifā de jǐngdiǎn, hái méiyǒu kāifàng, xiànzài bù néng cānguān.

C: 这是新开发的景点，还没有开放，现在不能参观。

C: People generally take the road on the left to go up and down the mountain. It's not only a short cut, but also a good path. But there're more people on that route.

A: How about the one on the right?

C: The condition of the road isn't good, but the scenery is beautiful.

A: It's longer, judging from the map.How much time will it take to set there?

C: Actually it's not that long. It only takes two hours to get to the top of the mountain.

A: Can I go up this road and get back the other way?

C: Sure. That way you won't have to walk back the same way.

A: *(pointing to the map)* What place is this?

C: This is a new scenic area, but it's not open yet, so you can't go there.

dìtú shang de cuòwù

(3) 地图上的错误

(Àilín zài lù shang hěn yíhuò de kàn dìtú, pángbiān yǒu gè dāngdìrén lùguò.)

（艾琳在路上很疑惑地看地图，旁边有个当地人路过。）

Zěnme le? Yào bāngmáng ma?

P: 怎么了？要帮忙吗？

Dìtú hǎoxiàng cuò le, zhǎo bu dào shàngmiàn de wèishēngjiān.

A: 地图好像错了，找不到上面的卫生间。

Wǒ kànkan … Ò, dìtú shang hái méiyǒu gǎi guòlái, zhège wèishēngjiān zǎo jiù méiyǒu le.

P: 我看看……哦，地图上还没有改过来，这个卫生间早就没有了。

Āiyā, nà zěnme bàn?

A: 哎呀，那怎么办？

Qiánmiàn bù yuǎn jiù shì shāndǐng le, shāndǐng shang xīn xiūle wèishēngjiān.

P: 前面不远就是山顶了，山顶上新修了卫生间。

Xiànzài wǒmen zài nǎr?

A: 现在我们在哪儿？

Zài zhèr. (zhǐ dìtú)

P: 在这儿。（指地图）

Ò, tài hǎo le, kuài dào le!

A：哦，太好了，快到了！

(3) Mistakes on the Map

(Aileen is looking at the map, bewildered. A local person passes by.)

P: What's up? Can I help you?

A: It seems that the map is wrong. I can't find the restroom.

P: Let me have a look. Well, it hasn't been corrected yet on the map. The restroom used to be there.

A: Ah. What can I do then?

P: The top of the mountain isn't far ahead. A restroom has been newly built up there.

A: Where are we now?

P: Here. *(pointing to the map)*

A: Oh, great! I'm nearly there!

New Words

背面	bèimiàn	back
详细	xiángxì	in detail
回头路	huítóulù	back track
开发	kāifā	develop
开放	kāifàng	open
好像	hǎoxiàng	seem
新修	xīn xiū	newly build

Additional Expressions

Words About Maps

路线图	lùxiàntú	route map
地形图	dìxíngtú	topographical map
卫星图	wèixīngtú	satellite map
手绘地图	shǒu huì dìtú	hand-drawn map
电子地图	diànzǐ dìtú	electronic map
交通旅游图	jiāotōng lǚyóutú	tourist map
行政区划图	xíngzhèng qūhuàtú	map of administrative divisions

TIP *China's Natural Scenery: Mountains*

China has a complex topography, including many beautiful mountains. Traditionally famous mountains have both magnificent natural scenery and a long history and culture. The most famous ones are: Mount Huangshan in Anhui, Mount Lushan in Jiangxi, Mount Emei in Sichuan, Mount Wutai in Shanxi, and the famous five mountains of Wu Yue, which are very famous mountains in Chinese history: Dongyue—Mount Taishan in Shandong, Nanyue—Mount Hengshan in Hunan, Xiyue—Mount Huashan in Shanxi, Beiyue—Mount Hengshan in Shanxi, and Zhongyue—Mount Songshan in Henan. Mount Huangshan, Mount Taishan, and Mount Emei are doubly important for their scenery and culture and have been put on the UNESCO world heritage list. Lushan National Park is also a world heritage site.

Besides these traditionally famous mountains, some mountains in China are sacred. For example, the highest mountain in the world-Mount Everest in Tibet; Namjabarwa Peak in Tibet, which was voted the most beautiful mountain in China in 2005; Meili Snow Mountain in Yunnan, which is called the most beautiful mountain in the world; Zhangjiajie in Hunan, a world cultural heritage site; Minya Konka Snow Mountain in Sichuan, which is called "the king of mountains"; Mount Kailash, the number one holy mountain in the Tibetan religion; Qogir Peak, the second highest mountain in the world and the famous K2; and Mount *Daochengsanshen* of Big Shangri-la. There isn't convenient transportation to most mountains, but the scenery is unique and magnificent.

Nanyue—Mount Hengshan

Dongyue—Mount Taishan

Zhongyue—Mount Songshan

Xiyue—Mount Huashan

Beiyue—Mount Hengshan

13 wèn lù
问 路
Asking for Directions

Basic Sentences

Dào Běndì Wān zǒu nǎ tiáo lù?
73. 到本地湾走哪条路？
Which way should I take to Bendiwan?

Hái yǒu duōyuǎn?
74. 还有多远？
How far is it?

Qiánmiàn hái yǒu chàlù ma?
75. 前面还有岔路吗？
Are there any turn-offs ahead?

Wǒ juéde zánmen zǒucuò lù le.
76. 我觉得咱们走错路了。
I think we're going the wrong way.

Zánmen yuán lù huíqù.
77. 咱们原路回去。
Let's go back.

Dào gōnglù shang zài wènwen biérén.
78. 到公路上再问问别人。
Ask the way again when we get to the highway.

A: 艾　琳（*Aileen*）　　T: 游　客（*Tourist*）

Z: 赵小同（*Zhao Xiaotong*）

Dialogues

(1) zài chàlùkǒu 在岔路口

(Àilín zài Yúnnán Hǔtiào Xiá túbù lǚxíng, dàole

(艾琳在云南虎跳峡徒步旅行，到了

yí gè chàlùkǒu, duìmiàn guòlái yí wèi bēibāokè.)

一个岔路口，对面过来一位背包客。)

Qǐngwèn, dào Běndì Wān zǒu nǎ tiáo lù?

A: 请问，到本地湾走哪条路？

Zuǒbian zhè tiáo, yìzhí wǎng qián zǒu.

T: 左边这条，一直往前走。

Hái yǒu duō yuǎn?

A: 还有多远？

Dàgài sān-sì gōnglǐ ba, fānguo nà zuò shān jiù shì.

T: 大概三四公里吧，翻过那座山就是。

Qiánmiàn hái yǒu chàlù ma?

A: 前面还有岔路吗？

Hái yǒu, búguò lùkǒu dōu yǒu lùbiāo. Nǐ shì cóng jǐngqū ménkǒu guòlái de ma?

T: 还有，不过路口都有路标。你是从景区门口过来的吗？

Shì a, wǒ zǒule sì gè xiǎoshí le.

A: 是啊，我走了4个小时了。

Qiánmiàn yǒu méiyǒu mài shuǐ hé shípǐn de?

T: 前面有没有卖水和食品的？

(1) At the Turn-off

(Aileen is hiking in Hutiao Valley in Yunnan. At a turn-off, a hiker comes over.)

A: Excuse me. Which way should I take to Bendiwan?

T: The one on the left and just go straight ahead.

A: How far is it?

T: About three or four kilometers, just beyond the mountain.

A: Are there any turn-offs ahead?

T: Yes, but there're road signs at every one. Did you come from the entrance of the scenic area?

A: Yes, I've been walking for four hours.

T: Can I buy some water and food ahead?

Wǒ lái de shíhou yǒu, bù zhīdào xiànzài hái
A: 我来的时候有，不知道现在还
zài bu zài.
在不在。

Nà wǒ guòqù kànkan ba. Zàijiàn, zhù nǐ
T: 那我过去看看吧。再见，祝你
wánr de kāixīn.
玩儿得开心。

Xièxie.
A: 谢谢。

mílù
(2) 迷路

(Àilín hé yóukè Zhào Xiǎotóng yìqǐ túbù lǚxíng.)
（艾琳和游客赵小同一起徒步旅行。）

Qíguài, zěnme kàn bu dào bié de yóukè?
Z: 奇怪，怎么看不到别的游客？

Wǒ juéde zánmen zǒucuò lù le.
A: 我觉得咱们走错路了。

Nǐ zěnme zhīdào?
Z: 你怎么知道？

Zhè tiáo lù shang yí gè xiéyìn yě méiyǒu, hǎoxiàng
A: 这条路上一个鞋印也没有，好像
méiyǒu rén láiguo.
没有人来过。

Nǐ zhēn xìxīn. Nà zěnme bàn?
Z: 你真细心。那怎么办？

A: Yes, water was being sold when I set out, but I'm not sure whether it's sold out now.

T: I'll go over and find out. Bye! Have a good time.

A: Thank you.

(2) Getting Lost

(Aileen and another tourist Zhao Xiaotong are hiking together.)

Z: It's strange. How come we can't see other tourists?

A: I think we are going the wrong way.

Z: How do you know?

A: There're no footprints on the road, and it seems nobody ever comes here.

Z: You're very observant. What should we do then?

Bié zháojí, zánmen yuán lù huíqù. Dào

A: 别着急，咱们原路回去。到

gōnglù shang zài wènwen biérén.

公路上再问问别人。

Huíqù yào zǒu hěn cháng shíjiān a.

Z: 回去要走很长时间啊。

Zánmen yě bù néng zài zhèlǐ děngzhe a!

A: 咱们也不能在这里等着啊！

Zhèyàng ba, wǒ gěi lǚguǎn dǎ gè diànhuà xiān

Z: 这样吧，我给旅馆打个电话先

wèn yi wèn.

问一问。

Shǒujī yǒu xìnhào ba? Āiyō, zhèlǐ

A: 手机有信号吧？哎哟，这里

wénzi zhēn duō!

蚊子真多！

Zhège fēngyóujīng tǐng guǎnyòng de, nǐ yòng-

Z: 这个风油精挺管用的，你用

yong kàn.

用看。

A: Don't worry. Let's go back and ask the way again when we get to the highway.

Z: It'll take a long time to walk back.

A: We can't just wait here either!

Z: How about me calling the hotel to ask for help?

A: Is your mobile phone reception OK? Oh, my! There're so many mosquitoes here!

Z: I have some essential balm. It works. Just try it.

New Words

岔路	chàlù	turn-off
路标	lùbiāo	signpost
鞋印	xiéyìn	footprint
原路	yuán lù	same way
信号	xìnhào	signal
蚊子	wénzi	mosquito
风油精	fēngyóujīng	essential balm
管用	guǎnyòng	effective

Additional Expressions

Words About Roads

坡	pō	slope
小路	xiǎolù	path
山路	shānlù	mountain road
土路	tǔlù	dirt road
台阶	táijiē	step
平路	pínglù	level road
柏油路	bǎiyóulù	tarmac road
水泥路	shuǐnílù	cement road

TIP

Drugs and Traditional Medicines Commonly Used in China

It's advisable to take some medicine with you when you are traveling in China. The following list includes the names and functions of some medicines that are common in China.

For the common cold: *Ganmao Qingre Chongji*, Contac NT, *Shuanghuanglian Koufuye*.

Painkillers: Fenbid, Voltaren.

For bleeding and inflammation: *Yunnan Baiyao*.

For muscle sprain: safflower oil.

For mosquito and other insect bites: essential balm, *Hualushui*.

For burns: green ointment.

For motion sickness: Dramamine.

For diarrhea: Berberine, Norfloxacin.

For indigestion: Moltilium, *Huoxiang Zhengqishui*.

For high fever: Aspirin.

For altitude sickness: Rhodiola.

For heatstroke: tiger balm, essential balm.

NOTE

14 zhàoxiàng
照相
Taking Pictures

Basic Sentences

Nǐ bāng wǒ zhào zhāng xiàng xíng ma?
79. 你帮我照张相行吗？
Would you take a picture for me?

Zánmen zài zhèr hé gè yǐng ba.
80. 咱们在这儿合个影吧。
Let's have our picture taken here.

Zhèr shì kuàimén, àn zhège jiù xíng le.
81. 这儿是快门，按这个就行了。
This is the shutter. Just press it.

Nǐmen zhào bàn shēn háishi quánshēn?
82. 你们照半身还是全身？
Would you like to have a full-length portrait or half-length?

Hòumiàn yǒu rén, shāo děng yíxià.
83. 后面有人，稍等一下。
Someone is behind you. Wait a minute.

Máfan nín ràng yíxià, wǒmen zhào zhāng xiàng.
84. 麻烦您让一下，我们照张相。
Would you kindly move a little? We're taking a picture.

L: 小李（*Xiao Li*） B: 布朗（*Brown*）
T: 游客（*Tourist*）

Dialogues

qǐng rén zhàoxiàng
(1) 请人照相

(Bùlǎng zài lǚxíngtuán rènshile xīn péngyou Xiǎo Lǐ.)
（布朗在旅行团认识了新朋友小李。）

Zhè shì Xiàngbí Shān, Guìlín zuì yǒumíng de jǐngdiǎn zhī yī.
L: 这是象鼻山，桂林最有名的景点之一。

Nǐ bāng wǒ zhào zhāng xiàng xíng ma?
B: 你帮我照张相行吗？

Xíng a! Nǐ zhànhǎo. Xiào yi xiào, yī、èr、sān! … Hǎole!
L: 行啊！你站好。笑一笑，一、二、三！……好了！

Zhào de zhēn búcuò! Xièxie!
B: 照得真不错！谢谢！

qǐng rén bāngmáng zhào héyǐng
（2）请人帮忙照合影

Xiǎo Lǐ, zánmen zài zhèr hé gè yǐng ba.
B: 小李，咱们在这儿合个影吧。

Xíng a, wǒ zhǎo gè rén bāng zánmen pāi.
L: 行啊，我找个人帮咱们拍。

(Xiǎo Lǐ lánzhù yí wèi yóukè.)
（小李拦住一位游客。）

(1) Asking Someone to Take Your Picture

(Brown gets to know a new friend, Xiao Li, on the tour.)

L: This is Mount Xiangbi, one of the most famous scenic areas of Guilin.

B: Would you take a picture for me?

L: Sure. Stand still. One, two, three! Smile. OK!

B: Let me have a look. Very nice! Thank you.

(2) Asking a Stranger to Help Take a Picture

B: Xiao Li, let's have our picture taken here.

L: All right. I'll find someone to help us.

(Xiao Li stops a tourist.)

Láojià, nín néng bāng wǒmen zhào gè héyǐng ma?
L: 劳驾，您能帮我们照个合影吗？

Kěyǐ, zhège xiàngjī zěnme yòng?
T: 可以，这个相机怎么用？

Zhèr shì kuàimén, àn zhège jiù xíng le.
L: 这儿是快门，按这个就行了。

Xíng, nǐmen zhàn nǎr?
T: 行，你们站哪儿？

Wǒmen zhàn zài shān qiánmiàn, nín bǎ shān dōu zhào xiàlái jiù xíng le.
L: 我们站在山前面，您把山都照下来就行了。

Méi wèntí, nǐmen dōu zhàn guòqù ba.
T: 没问题，你们都站过去吧。

zhàoxiàng
(3) 照相

(Yóukè gěi Bùlǎng、Xiǎo Lǐ zhào héyǐng, hòumiàn shì Xiàngbí Shān.)
（游客给布朗、小李照合影，后面是象鼻山。）

Nǐmen zhào bàn shēn háishi quánshēn?
T: 你们照半身还是全身？

Bàn shēn、quánshēn gè lái yì zhāng.
B: 半身、全身各来一张。

L: Excuse me, could you take our picture?

T: Sure, but how do I use this camera?

L: This is the shutter. Just press it.

T: OK. Where will you stand?

L: We'll stand in front of Mount Xiangbi. Please get the whole mountain in the picture.

T: No problem. Stand still please.

(3) Taking Pictures

(The tourist is taking a group picture of Brown and Xiao Li, with Mount Xiangbi behind them.)

T: Would you like to have a full-length portrait or half-length?

B: One of each.

Hǎo, duì, duì, liǎng gè rén jìn yìdiǎnr.

T: 好，对，对，两个人近一点儿。

Nǐmen de bāo fàng dào hòumiàn ba, bù hǎokàn.

你们的包放到后面吧，不好看。

Zhèyàng kěyǐ le ma?

L: 这样可以了吗？

Hǎo, kàn wǒ zhèlǐ, wǒ shuō "yī èr sān",

T: 好，看我这里，我说"一二三"，

nǐmen shuō "qiézi", hǎo ma?

你们说"茄子"，好吗？

Xíng.

B、L: 行。

Yī ... Èr ... Sān ...

T: 一……二……三……

Qié —— zi! Zhàohǎo le ma?

B、L: 茄——子！照好了吗？

Duìbuqǐ, méi zhàochéng, hòumiàn yǒu rén,

T: 对不起，没照成，后面有人，

shāo děng yíxià.

稍等一下。

(duì hòumiàn de rén) Bù hǎoyìsi! Máfan

L: （对后面的人）不好意思！麻烦

nín ràng yíxià, wǒmen zhào zhāng xiàng.

您让一下，我们照张相。

Duōxiè!

多谢！

Hǎole, zài lái.

T: 好了，再来。

T: OK. Get closer to each other. Put your bags behind you. They don't look nice.

L: Is this all right?

T: Yes, look at me. Say "cheese" when I say "one, two, three".

B, L: All right.

T: One ... two ... three ...

B, L: Cheese! Finished?

T: Sorry, not yet because someone is behind you. Wait a minute.

L: (*to people behind them*) Excuse me! Would you kindly move a little? We're taking a picture. Thanks a lot.

T: OK. Let's do it again.

New Words

照相	zhàoxiàng	take a picture
合影	héyǐng	a group picture
快门	kuàimén	shutter
各	gè	each
茄子	qiézi	eggplant
让（一下）	ràng (yíxià)	give way

Additional Expressions

Parts and Equipments of Cameras

电源开关 diànyuán kāiguān power switch

显示屏 xiǎnshìpíng display screen

镜头 jìngtóu lens

存储卡 cúnchǔkǎ memory card

镜头盖 jìngtóugài lens cover

电池 diànchí battery

三角架 sānjiǎojià tripod

TIP

Symbols of China

Generally speaking, in each city or scenic area there are some special locations. Photos taken in front of them will remind you of the places, so they make good souvenirs.

In Beijing, such symbolic buildings are Badaling Great Wall, Tian'anmen, Taihe Palace in the Imperial Palace, Qinian Palace in the Temple of Heaven, and Foxiangge in the Summer Palace. In Shanghai, it is the Oriental Pearl Radio & TV Tower. In Hongkong, it is Victoria Bay, and in Macao the Dasanba Torii. The sculpture of five sheep is the symbol of Guangzhou, and certainly the symbol of Tibet is the Potala Palace. In Henan, you must take a photo in front of the temple gate of the Shaolin Temple. Photos are forbidden inside the Terra-cotta Warriors and Horses Museum(Xi'an), but taking a photo at the gate is a good souvenir. Other symbolic places are the Guest-greeting Pine in Mount Huangshan, Nantianmen in Mount Taishan, Xuankong Temple in Mount Hengshan, and Jinding in Mount Emei. The grand Buddha of Yungang Grottoes in Shanxi, Lushena Buddha of Longmen Grottoes in Luoyang, and the nine storeys of Mogao Caves in Dunhuang are examples of the greatest stone carving in ancient China. Mount Xiangbi of Guilin in Guangxi, Crescent Moon Bay of Kanas Lake in Xinjiang, Nuorilang Waterfall of Jiuzhaigou, and Three Pools Mirroring the Moon of the West Lake all show the most beautiful landscape.

Guest-greeting Pine

Shaolin Temple

Nantianmen

Yungang Grottoes

15 yóulǎn zìrán shānshuǐ 游览自然山水

Sightseeing in the Country

Basic Sentences

Zhèr de fēngjǐng tiānxià dì-yī!

85. 这儿的风景天下第一！

The scenery here is the best I've seen!

Lán tiān、bái yún、xuěshān、hóngyè, měi jí le!

86. 蓝天、白云、雪山、红叶，美极了！

It is marvelous with blue sky, white clouds, snow-covered mountains, and red leaves.

Shíyuè zhōng-xiàxún shì zuì hǎo de jìjié.

87. 十月中下旬是最好的季节。

The best time is in mid-late October.

Jiǎnzhí xiàng huàr yíyàng.

88. 简直像画儿一样。

It's as beautiful as a picture.

Huáng Shān shang jīngcháng yǒu yúnhǎi, fēicháng zhuàngguān.

89. 黄山上经常有云海，非常壮观。

You can often see the sea of clouds on Mount Huangshan. They're spectacular.

Jīnnián "xiū shān", bú ràng shàng.

90. 今年"休山"，不让上。

This year is the "Mountain Rest" year. It's not allowed to climb up.

M: 马丁（*Martin*）　G: 导游（*Guide*）

Z: 周丹（*Zhou Dan*）

Dialogues

zài Jiǔzhàigōu
(1) 在九寨沟

(Mǎdīng dào Sìchuān Jiǔzhàigōu lǚxíng.)
（马丁到四川九寨沟旅行。）

Zhèr de fēngjǐng tiānxià dì-yī!
M: 这儿的风景天下第一！

Dāngrán le, "Jiǔzhài guīlái bú kàn shuǐ" ma.
G: 当然了，“九寨归来不看水”嘛。

Shénme yìsi?
M: 什么意思？

Yìsi shì: Jiǔzhàigōu de shuǐ shì zuì měi de, cóng Jiǔzhàigōu huílái jiù bù xiǎng kàn bié de dìfang de shuǐ le.
G: 意思是：九寨沟的水是最美的，从九寨沟回来就不想看别的地方的水了。

Ò, shì zhèyàng. Wǒ zhǐ tīngshuōguo guānyú shān de shuōfǎ: "Wǔ Yuè guīlái bú kàn shān, Huáng Shān guīlái bú kàn yuè". Xiànzài shì bu shì Jiǔzhàigōu zuì piàoliang de shíhou?
M: 哦，是这样。我只听说过关于山的说法：“五岳归来不看山，黄山归来不看岳”。现在是不是九寨沟最漂亮的时候？

(1) At Jiuzhaigou

(Martin is visiting Jiuzhaigou in Sichuan.)

M: The scenery here is the best I've seen!

G: Absolutely! As the saying goes,"A trip to Jiuzhaigou renders trips to water in other places unnecessary."

M: What does it mean?

G: It means that the water in Jiuzhaigou is the most beautiful. When you come back from Jiuzhaigou, you won't want to see water in other places.

M: I see. I only heard such saying about moutains, "Trips to the Five Sacred Mountains render trips to other mountain unnecessary, and a trip to Mount Huangshan renders trips to the Five Sacred Mountains unnecessary." Is Jiuzhaigou at its most beautiful now?

Jiuzhaigou

Hái bú shì, rúguǒ nǐ qiūtiān lái, lán tiān,

G: 还不是，如果你秋天来，蓝天，

bái yún, xuěshān, hóngyè, měi jí le!

白云，雪山，红叶，美极了！

Zhēn de? Qiūtiān wǒ yídìng yào zài lái yí tàng.

M: 真的？秋天我一定要再来一趟。

Ǹg, shíyuè zhōng-xiàxún shì zuì hǎo de jìjié.

G: 嗯，十月 中下旬是最好的季节。

zài Huáng Shān

(2) 在黄山

(Mǎdīng hé péngyou Zhōu Dān dào Huáng Shān lǚxíng.)

（马丁和朋友周丹到黄山旅行。）

Dàodǐ shì Huáng Shān a, jiǎnzhí xiàng huàr yíyàng.

M: 到底是黄山啊，简直像画儿一样。

Yàobù shuō "Huáng Shān guīlái bú kàn yuè" ma.

Z: 要不说“黄山归来不看岳”嘛。

Shì a, jīntiān zǎoshang de rìchū tài bàng le!

M: 是啊，今天早上的日出太棒了！

Méi cuò. Wǒ shì dì-sān cì lái Huáng Shān le.

Z: 没错。我是第三次来黄山了。

Nǐ kàn, yuǎnchù nà kuài shítou xiàng yì zhī hóuzi!

M: 你看，远处那块石头像一只猴子！

G: Not now. If you come in the autumn, it is marvelous with blue sky, white clouds, snow-covered mountains, and red leaves.

M: Really? I must come again in the autumn.

G: The best time is in mid-late October.

(2) At Mount Huangshan

(Martin and his friend Zhou Dan are visiting Mount Huangshan.)

M: After all it is Mount Huangshan. It's as beautiful as a picture!

Z: As the saying goes,"A trip to Mount Huangshan renders trips to the Five Sacred Mountains unnecessary."

M: Well said. The sunrise this morning is fantastic.

Z: You're right. This is the third time I've visited Mount Huangshan.

M: Look! The stone in the distance looks like a monkey.

Monkey Viewing the Sea

Nà shì gè zhùmíng jǐngdiǎn, jiù jiào "Hóuzi-
Z: 那是个著名景点，就叫“猴子
guānhǎi".
观海”。

"Hǎi"? Nǎr yǒu hǎi?
M:“海”？哪儿有海？

Zhège "hǎi" shuō de shì yúnhǎi. Huáng Shān
Z: 这个“海”说的是云海。黄山
shang jīngcháng yǒu yúnhǎi, fēicháng zhuàngguān.
上经常有云海，非常壮观。

Huáng Shān zuì gāo fēng yǒu duō gāo?
M: 黄山最高峰有多高？

Liánhuā Fēng zuì gāo, hǎibá yìqiān bābǎi liùshísì mǐ.
Z: 莲花峰最高，海拔 1864 米。

Nà zuò shān kěyǐ pá shàngqù ma?
M: 那座山可以爬上去吗？

Kěyǐ, yǒu táijiē. Búguò, jīnnián
Z: 可以，有台阶。不过，今年
"xiū shān", bú ràng shàng, shān yě yào xiūxi.
“休山”，不让上，山也要休息。

Lianhua Peak

Z: That's a famous attraction. That sight is called "Monkey Viewing the Sea".

M: Sea? Where is the sea?

Z: It refers to the sea of clouds. You can often see them on Mount Huangshan. They're spectacular.

M: How high is Mount Huangshan?

Z: Lianhua Peak is the highest point. It's 1,864 meters above sea level.

M: Is it possible to climb up it?

Z: Yes, there're steps. However, this year is the "Mountain Rest" year. It's not allowed to climb up because the mountain also needs a rest.

New Words

天下第一	tiānxià dì-yī	No. 1 in the world
归来	guīlái	return
五岳	Wǔ Yuè	Five Sacred Mountains
到底	dàodǐ	after all
石头	shítou	stone
猴子	hóuzi	monkey
壮观	zhuàngguān	spectacular
海拔	hǎibá	height above sea level

Additional Expressions

Classification of the Natural Sights

江	jiāng	river
湖（湖泊）	hú (húpō)	lake
峡谷	xiágǔ	canyon
草原	cǎoyuán	grassland
沙漠	shāmò	desert
海滩	hǎitān	beach
瀑布	pùbù	waterfall
湿地	shīdì	marsh

TIP

The Natural Beauty of China: Rivers, Lakes and Seas

Most rivers in China flow from west to east. Many long rivers start in Tibet, where there are lots of clean rivers and lakes. With the surrounding snowy mountains and grassland, it is very beautiful. Among the most famous are the Namco Lake of Tibet and the Qinghai Lake of Qinghai.

Jiuzhaigou of Sichuan and Kanas Lake of Xinjiang have the most beautiful and distinctive water, while West Lake in Hangzhou, Zhejiang, is a perfect combination of history and nature.

The longest river in China is the Yangtze River. The Three Gorges, at the boundary of Sichuan and Hubei, is the most famous feature on the Yangtze River. The newly-built dam of the Three Gorges is the largest in the world, and worth seeing.

Guilin is also one of the most famous scenic areas of China. It has typical KARST landform.

The coastline of China is very long. Sanya of Hainan has the most magnificent white sand beach and blue seawater. Of course, if you are in Beijing and do not want to go very far, Beidaihe in Hebei is also a good seaside location in summer.

Qinghai Lake

Yangtze River

West Lake

Namco Lake

16 cānguān lìshǐ wénhuà yíjì
参观 历史 文化 遗迹
Visiting Historical and Cultural Sites

Basic Sentences

Chángchéng zhēn xióngwěi a!
91. 长 城 真 雄 伟 啊 ！
How magnificent the Great Wall is!

Nàlǐ yě fēicháng zhuàngguān.
92. 那 里 也 非 常 壮 观 。
It's also very spectacular.

Shǎoshuō yě yào bàntiān de shíjiān.
93. 少 说 也 要 半 天 的 时 间 。
At least half a day.

Néng zūdào jiǎngjiěqì ma?
94. 能 租 到 讲 解 器 吗 ？
Can I rent an audio tape headset?

Zhè shàngmiàn dōu shì huàr a!
95. 这 上 面 都 是 画 儿 啊 ！
There are so many paintings on the ceiling!

Yígòng yǒu sānbǎi duō gè gùshi ne!
96. 一 共 有 300 多 个 故 事 呢 ！
There're more than 300 stories altogether.

W: 小 王（*Xiao Wang*） M: 马 丁（*Martin*）

Dialogues

zài Chángchéng shang
(1) 在长城上

(Mǎdīng hé péngyou Xiǎo Wáng yìqǐ dàole Bādálǐng
(马丁和朋友小王一起到了八达岭
Chángchéng.)
长城。)

Chángchéng zhēn xióngwěi a! Gēn wǒ shíjǐ nián
M: 长城真雄伟啊！跟我十几年
qián lái de gǎnjué bù yíyàng.
前来的感觉不一样。

Yǒu shíjiān nǐ qù Sīmǎtái Chángchéng kàn yi
W: 有时间你去司马台长城看一
kàn, nàlǐ yě fēicháng zhuàngguān.
看，那里也非常壮观。

Wǒ zhīdào, wǒ zài diànshì li kàndàoguo.
M: 我知道，我在电视里看到过。
Tīngshuō Chángchéng yǒu yí wàn gōnglǐ cháng.
听说长城有1万公里长。

Bú shì gōnglǐ, shì "lǐ", Zhōngguórén
W: 不是公里，是"里"，中国人
jīngcháng shuō "lǐ", èr lǐ shì yì gōnglǐ.
经常说"里"，2里是1公里。

Ò, yuánlái shì zhèyàng. Āi, nǐ fāxiàn
M: 哦，原来是这样。哎，你发现
méiyǒu? Zhèlǐ de Chángchéng bǐ nàbiān xīn.
没有？这里的长城比那边新。

(1) On the Great Wall

(Martin and his friend, Xiao Wang, go to the Badaling Great Wall.)

M: How magnificent the Great Wall is! It's very different from last time I come here more than ten years ago.

W: You should go to Simatai Great Wall some time. It's also very spectacular.

M: I know. I saw it once on TV. I heard the Great Wall is 10,000 kilometers long.

W: Not kilometer, but *li*. We Chinese people often use *li*. Two *li* is one kilometer.

M: I see. Do you find that the Great Wall here is better maintained than over there?

Zhèlǐ shàng shìjì bāshí niándài de shíhou chóngxiūguo.
W: 这里上世纪80年代的时候重修过。

Chángchéng yǒu duōshao nián lìshǐ le?
M: 长城 有多少年历史了？

Chángchéng zuì zǎo shì liǎngqiān duō nián yǐqián xiū de, búguò, xiànzài zánmen kàndào de shì Míngcháo de, yě yǒu sìbǎi duō nián le.
W: 长城 最早是2000多年以前修的，不过，现在咱们看到的是明朝的，也有400多年了。

zài Yíhé Yuán
(2) 在颐和园

(Mǎdīng hé Xiǎo Wáng qù Yíhé Yuán, zài Yíhé Yuán Dōnggōngmén.)
（马丁和小王去颐和园，在颐和园东宫门。）

Dàmén shàngmiàn de sān gè zì shì "yí、hé、yuán" ma? Zěnme xiěchéng "yuán、hé、yí" le a?
M: 大门上面的三个字是"颐、和、园"吗？怎么写成"园、和、颐"了啊？

Gǔdài de Hànzì shì cóng yòu wǎng zuǒ niàn de, érqiě dōu yòng fántǐzì.
W: 古代的汉字是从右往左念的，而且都用繁体字。

W: This part was restored in the 1980s.

M: How many years of history does the Great Wall represent?

W: The Great Wall was first built more than 2,000 years ago. But what we see now was built in the Ming Dynasty, and is more than 400 years old.

(2) In the Summer Palace

(Martin and Xiao Wang go to the Summer Palace. They are at the east gate.)

M: Are there the characters of "*yi*, *he*, *yuan*" on the gate? Why were they written as "*yuan*, *he*, *yi*"?

W: The Chinese characters were read from right to left in ancient times and all in traditional Chinese characters.

Zhè sān gè zì hěn hǎokàn a, shì shūfǎ ba? Zánmen yào zài zhèr guàng duō jiǔ?

M: 这三个字很好看啊，是书法吧？咱们要在这儿逛多久？

Shǎoshuō yě yào bàntiān de shíjiān. Lǐmiàn yǒu Wànshòu Shān, Kūnmíng Hú, hái yǒu gèzhǒng-gèyàng de Zhōngguó gǔdài jiànzhù.

W: 少说也要半天的时间。里面有万寿山，昆明湖，还有各种各样的中国古代建筑。

Néng zūdào jiǎngjiěqì ma?

M: 能租到讲解器吗？

Yīnggāi kěyǐ. Zánmen qù wènwen gōngzuò rényuán ba.

W: 应该可以。咱们去问问工作人员吧。

(zài Chángláng)

（在长廊）

Zhè shàngmiàn dōu shì huàr a!

M: 这上面都是画儿啊！

Měi fú huàr dōu shì yí gè lìshǐ chuánshuō gùshi, yígòng yǒu sānbǎi duō gè gùshi ne.

W: 每幅画儿都是一个历史传说故事，一共有300多个故事呢。

Yǒu méiyǒu jièshào zhèxiē huàr de shū ne?

M: 有没有介绍这些画儿的书呢？

Nàlǐ yǒu gè jìniànpǐn shāngdiàn, bù zhī yǒu méiyǒu wàiwén de, qù kànkan ba.

W: 那里有个纪念品商店，不知有没有外文的，去看看吧。

M: These three characters are so beautiful. Is it calligraphy? How long will it take us to visit here?

W: At least half a day. There're Mount Wanshou, Kunming Lake, and various ancient Chinese buildings.

M: I see. Can I rent an audio tape headset?

W: I have no idea about it. Let's go and ask the clerk over there.

(at the Long Corridor)

M: There're so many paintings on the ceiling!

W: Each painting is about a legend in history. There're more than 300 stories altogether.

M: Are there guidebooks for these paintings?

W: I'm not sure whether there is English version guidebooks or not in that souvenir shop. Let's go and have a look.

New Words

雄伟	xióngwěi	magnificent
世纪	shìjì	century
重修	chóngxiū	rebuild
繁体字	fántǐzì	traditional Chinese characters
建筑	jiànzhù	building
讲解器	jiǎngjiěqì	audio tape headset
传说	chuánshuō	legend

Additional Expressions

Traditional Architectures of China

塔	tǎ	pagoda
宫殿	gōngdiàn	palace
寺庙	sìmiào	temple
园林	yuánlín	garden
民居	mínjū	local-style dwelling houses
走廊	zǒuláng	corridor
亭子	tíngzi	pavilion
城墙	chéngqiáng	city wall

TIP

The Great Wall near Beijing

There is a saying in Beijing, "He who fails to climb the Great Wall is not a hero."

According to the announcement of the State Administration of Cultural Heritage in June, 2012, the total length of the Great Wall built in past dynasties is more than 20,000 km, and the part in Beijing is more than 600 km. It includes the famous Badaling Great Wall, Jinshanling Great Wall, Simatai Great Wall, Mutianyu Great Wall, Juyongguan Great Wall, and Jiankou Great Wall.

Most parts of the Great Wall in Beijing were built in the Ming Dynasty. They're more than 450 years old.

The Badaling and Mutianyu Great Wall are wide and grand. They're very majestic. They're not very tiring to climb, and the transportation is convenient to get there. The Simatai and Jinshanling Great Wall are further and steep. It is hard to climb up them, but the scenery there is spectacular.

NOTE

cānguān shǎoshù mínzú dìqū

17 参观少数民族地区

Visiting Ethnic Minority Regions

Basic Sentences

Nǐ shì shénme mínzú de?

97.你是什么民族的？

What ethnic minority do you belong to?

Píngshí bù chuān, jiérì de shíhou chuān.

98.平时不穿，节日的时候穿。

We don't wear it except for holidays.

Qù rén jiā li yào zhùyì shénme?

99.去人家里要注意什么？

What should we pay attention to in their home?

Chī de fāngmiàn yǒu shénme jìnjì ma?

100.吃的方面有什么禁忌吗？

Are there any taboos about eating?

Gēn tāmen shuō míngbai jiù xíng, méi guānxi.

101.跟他们说明白就行，没关系。

Tell them directly, and they won't mind.

Nǐ bāng wǒ gàosu tā, ...

102.你帮我告诉他，……

Please help me tell him...

A: 艾　琳（*Aileen*）　Gi: 女　孩（*Girl*）

Gu: 导　游（*Guide*）　M: 马　丁（*Martin*）

Dialogues

zài Yúnnán
(1) 在云南

(Àilín zài Lìjiāng jiàndào yí wèi chuānzhe mínzú fúzhuāng
(艾琳在丽江见到一位穿着民族服装
de nǚháir.)
的女孩儿。)

Nǐ hǎo, nǐ de yīfu zhēn piàoliang!
A: 你好，你的衣服真漂亮！

Xièxie, zhè shì wǒmen de mínzú fúzhuāng.
Gi: 谢谢，这是我们的民族服装。

Nǐ shì shénme mínzú de?
A: 你是什么民族的？

Wǒ shì Nàxīzú de.
Gi: 我是纳西族的。

Ò, Lìjiāng zhǔyào shì Nàxīzú ma?
A: 哦，丽江主要是纳西族吗？

Yě yǒu bié de mínzú, bǐrú Yízú、Báizú.
Gi: 也有别的民族，比如彝族、白族。

Nǐmen píngshí chuān zhèyàng de yīfu ma?
A: 你们平时穿这样的衣服吗？

Píngshí bù chuān, jiérì de shíhou chuān.
Gi: 平时不穿，节日的时候穿。

Wǒ kěyǐ gěi nǐ zhào zhāng xiàng ma?
A: 我可以给你照张相吗？

Hǎo a. Búguò, zuìhǎo bié fàng zài wǎng shang.
Gi: 好啊。不过，最好别放在网上。

(1) In Yunnan

(Aileen sees a girl in a beautiful ethnic costume at Lijiang.)

A: Hi! Your costume is very beautiful.

Gi: Thank you. This is our ethnic costume.

A: What ethnic minority do you belong to?

Gi: Naxi.

A: Oh. Are people here mainly Naxi?

Gi: Yes, but there're other ethnic minorities, such as Yi and Bai.

A: Do you wear these costumes in daily life?

Gi: We don't wear it except for holidays.

A: Can I take a picture of you?

Gi: All right. But don't put it on the Internet please.

zài Xīzàng

(2) 在西藏

(Mǎdīng gēn lǚxíngtuán qù Xīzàng lǚxíng.)

（马丁跟旅行团去西藏旅行。）

Xiàmiàn wǒmen yào qù Zàngzúrén jiā li zuòkè.

Gu:下面我们要去藏族人家里做客。

Qù rén jiā li yào zhùyì shénme?

M:去人家里要注意什么？

Zūnzhòng tāmen de shēnghuó xíguàn, búyào suí-

Gu:尊重他们的生活习惯，不要随

biàn pāizhào.

便拍照。

Hǎo, chī de fāngmiàn yǒu shénme jìnjì ma?

M:好，吃的方面有什么禁忌吗？

Rúguǒ zhǔrén gěi nǐmen jìng jiǔ jìng chá, zuì-

Gu:如果主人给你们敬酒敬茶，最

hǎo búyào jùjué.

好不要拒绝。

Wǒ bù néng hē jiǔ zěnme bàn?

M:我不能喝酒怎么办？

Gēn tāmen shuō míngbai jiù xíng, méi guānxi.

Gu:跟他们说明白就行，没关系。

(2) In Tibet

(Martin goes to Tibet with the tour group.)

Gu: We'll go to a Tibetan home now.

M: What should we pay attention to in their home?

Gu: We should respect their habits. Don't take pictures without permission.

M: OK. Are there any taboos about eating?

Gu: If a Tibetan proposes a toast or offers you tea, you should accept.

M: But I can' t drink alcohol. What should I do?

Gu: Tell them directly, and they won't mind.

(Yí wèi Zàngzú lǎorén hé Mǎdīng shuōhuà.)
（一位藏族老人和马丁说话。）

(duì lǎorén) Duìbuqǐ, wǒ tīng bu dǒng.
M:（对老人）对不起，我听不懂。
(duì dǎoyóu) Tā shuō de shì shénme yìsi?
（对导游）他说的是什么意思？

Tā wèn nǎichá de wèidào nǐ xíguàn ma?
Gu:他问奶茶的味道你习惯吗？

Nǐ bāng wǒ gàosu tā, wèidào hǎo jí le!
M:你帮我告诉他，味道好极了！

(Martin is talking to an old Tibetan man.)

M: *(to the old man)* Sorry, I can't understand your words. *(to the guide)* What does he mean?

Gu: He asked you whether you're used to the taste of tea with milk.

M: Please help me tell him it's delicious.

New Words

（少数）民族	(shǎoshù) mínzú	ethnic minority
服装	fúzhuāng	costume
节日	jiérì	holiday
尊重	zūnzhòng	respect
禁忌	jìnjì	taboo
敬（酒／茶）	jìng(jiǔ/chá)	propose a toast/offer tea
拒绝	jùjué	refuse

Additional Expressions

Some Ethnic Minorities in China

苗族

Miáozú

Miao ethnic minority

满族

Mǎnzú

Manchu ethnic minority

彝族

Yízú

Yi ethnic minority

白族

Báizú

Bai ethnic minority

回族

Huízú

Hui ethnic minority

维吾尔族

Wéiwú'ěrzú

Uygur ethnic minority

蒙古族

Měnggǔzú

Mongolian ethnic minority

TIP

Taboos in Ethnic Minority Regions

There are 56 ethnic groups in China, but the Han group has the largest population. The Han people live mainly in the middle and the east. The ethnic minorities live mostly in the vast areas of the northwest and southwest. Many of them still keep their unique lifestyles.

The Tibetans mainly live in Tibet, Qinghai, Gansu, Yunnan, and the western part of Sichuan. They follow in Tibetan Buddhism. Their temples are usually not only tourist spots, but holy places for Lamas and religious followers to pay homage. Therefore, when you visit the temples, you must respect their religious beliefs and obey their rules. For example, taking photos and smoking are not allowed in the main temple halls. You should not make noise or touch the figures of the Buddha or their holy objects.

The Hui and Uygur Ethics follow in Islam. They live mainly in Xinjiang, Ningxia, Gansu, and the eastern part of Qinghai, where you must consider the taboos of Islam when you travel.

tūfā qíngkuàng

18 突发情况

Emergencies

Basic Sentences

Āiyō … Téngsǐ wǒ le!

103.哎哟……疼死我了！

Ow, it hurts me badly.

Nǎr shòushāng le?

104.哪儿受伤了？

Where does it hurt?

Zánmen děi qù yīyuàn.

105.咱们得去医院。

We have to go to the hospital.

Máfan nǐ gēn dǎoyóu shuō yì shēng.

106.麻烦你跟导游说一声。

Please tell the guide about it.

Wǒ de qiánbāo zhǎo bu dào le.

107.我的钱包找不到了。

My wallet is missing.

Xìnyòngkǎ kěyǐ xiān guàshī.

108.信用卡可以先挂失。

You should report the loss of the credit cards immediately.

B: 布朗（*Brown*） L: 小李（*Xiao Li*）

P: 警察（*Police*）

Dialogues

(1) 受伤 shòushāng

(Bùlǎng hé Xiǎo Lǐ gēn zài lǚxíngtuán hòumiàn huódòng, Xiǎo Lǐ bù xiǎoxīn shuāidǎo le.)
（布朗和小李跟在旅行团后面活动，小李不小心摔倒了。）

Zěnmeyàng? Méishìr ba? Wǒ fú nǐ qǐlái.
B: 怎么样？没事儿吧？我扶你起来。

Xièxie. Āiyō … Téngsǐ wǒ le!
L: 谢谢。哎哟……疼死我了！

Nǎr shòushāng le?
B: 哪儿受伤了？

(zhǐ zuǒ tuǐ) Zhèr téng.
L:（指左腿）这儿疼。

Wǒ kànkan … Āiyā, liú xiě le! Zánmen děi qù yīyuàn.
B: 我看看……哎呀，流血了！咱们得去医院。

Máfan nǐ gēn dǎoyóu shuō yì shēng. Wǒ xiān qù kàn yīshēng, ránhòu huí bīnguǎn.
L: 麻烦你跟导游说一声。我先去看医生，然后回宾馆。

Wǒ fú nǐ qù. Nǐ néng zhàn qǐlái ma?
B: 我扶你去。你能站起来吗？

Xíng, wǒ zìjǐ néng zǒu.
L: 行，我自己能走。

(1) Getting Injured

(Brown and Xiao Li are following the tour group while Xiao Li accidentally falls down.)

B: How do you feel? Is it serious? Let me help you get up.

L: Thanks. Ow, it hurts badly.

B: Where does it hurt?

L: *(pointing to the left leg)* I'm injured here.

B: Let me have a look. Oh, it's bleeding. We have to go to the hospital.

L: Please tell the guide about it. I'll go to the hospital first, and then go back to the hotel.

B: I'll help you. Can you stand up?

L: Yes, I can walk by myself.

bàojǐng
(2) 报警

(Bùlǎng fāxiàn zìjǐ de qiánbāo diū le, zhǎodào
(布朗发现自己的钱包丢了，找到
fùjìn de pàichūsuǒ.)
附近的派出所。)

Nín yǒu shénme shìr?
P: 您有什么事儿？

Wǒ de qiánbāo zhǎo bu dào le.
B: 我的钱包找不到了。

Shénme shíhou diū de?
P: 什么时候丢的？

Zǎoshang hái yòng le, gāngcái fāxiàn méi le.
B: 早上还用了，刚才发现没了。

Kěnéng shì zài nǎr diū de?
P: 可能是在哪儿丢的？

Kěnéng shì gāngcái zuò chuán de shíhou diū de.
B: 可能是刚才坐船的时候丢的。

Shì bèi tōule háishi wàng zài chuánshang le?
P: 是被偷了还是忘在船上了？

Wǒ bú tài qīngchu, dōu yǒu kěnéng.
B: 我不太清楚，都有可能。

Shénme yàng de qiánbāo?
P: 什么样的钱包？

Hēisè de, pí de.
B: 黑色的，皮的。

(2) Reporting to the Police

(Brown discovers his wallet is missing, and he goes to the police station nearby.)

P: May I help you?

B: My wallet is missing.

P: Since when?

B: I had it this morning, but I noticed it was missing a little while ago.

P: Where do you think you lost it?

B: Most probably on the yacht just now.

P: Do you think it was stolen, or did you leave it on the yacht?

B: I'm not sure, both are possible.

P: What's the wallet like?

B: It's black, made of leather.

Qiánbāo lǐmiàn yǒu shénme?

P: 钱包里面有什么？

Lǐmiàn yǒu yìqiān duō kuài rénmínbì,

B: 里面有1 000多块人民币，

èrbǎi měiyuán, hái yǒu jǐ zhāng xìnyòngkǎ.

200美元，还有几张信用卡。

(náchū yì zhāng biǎo) Nín dēngjì yíxià,

P:（拿出一张表）您登记一下，

wǒmen yǒule xiāoxi mǎshàng tōngzhī nín.

我们有了消息马上通知您。

Xìnyòngkǎ kěyǐ xiān guàshī.

信用卡可以先挂失。

P: What's in the wallet?

B: There're more than 1,000 yuan, 200 dollars, and several credit cards in it.

P: *(taking out a form)* Fill in the form please. We'll notify you as soon as possible. You should report the loss of the credit cards immediately.

New Words

扶	fú	support with one's hand
受伤	shòushāng	be injured
流血	liú xiě	bleed
丢	diū	lose
偷	tōu	steal
挂失	guàshī	report the loss of

Additional Expressions

Places of Emergency Service

公安局	gōng'ānjú	public security bureau
旅游局	lǚyóujú	tourism bureau
物价局	wùjiàjú	price bureau
工商局	gōngshāngjú	bureau of industry and commerce
游客中心	yóukè zhōngxīn	visitors' centre
景区管理处	jǐngqū guǎnlǐchù	administration of the scenic area

TIP

How to Deal with Emergencies on a Tour

If you have an unexpected emergency on a tour, you should seek help from the tourist authorities. If you are sick or injured, go to the hospital or a clinic at once. The emergency number is 120. If you are robbed, report it to the police immediately. The number to call is 110. The most immediate institution of public security is the police substation, in front of which you will see the symbol of the police. You can also call 110 for other emergencies. For disputes within the scenic area, you should go to the administration office. The telephone number is usually on the ticket and at the entrance; you should also complain to the local tourism bureau. If you are cheated when buying goods or involved in a dispute, you should complain to the local price bureau and the bureau of industry and commerce. The phone numbers of those institutions can be obtained by information. The number is 114.

On organized tours, you'd better take the guide's calling card or another means of contact with him. You should also take a card of the hotel so that you can contact the guide or the hotel in case of an emergency.

fǎnhuí yǔ gàobié

19 返回与告别

Returning and Leave–taking

Basic Sentences

Wǒ yào tíqián huíqù.

109.我要提前回去。

I'll return ahead of schedule.

Yǒu jīhuì xià cì zài lái.

110.有机会下次再来。

Come again if you have the chance.

Rènshi nǐ zhège péngyou zhēn gāoxìng.

111.认识你这个朋友真高兴。

It's been very nice meeting you.

Wǒ bǎ wǒ de yóuxiāng fādào nǐ shǒujī shang.

112.我把我的邮箱发到你手机上。

I'll send my e-mail address to your mobile phone.

Huítóu wǒ bǎ zánmen de héyǐng fā gěi nǐ.

113.回头我把咱们的合影发给你。

I'll e-mail you the group pictures later.

Xiànzài zhēn yǒu diǎnr shěbude líkāi.

114.现在真有点儿舍不得离开。

It's really hard to say goodbye now.

L: 小 李（*Xiao Li*）　B: 布 朗（*Brown*）

G: 导 游（*Guide*）

Dialogues

tíqián fǎnhuí
(1) 提前返回

(Xiǎo Lǐ kànle yīshēng yǐhòu.)
(小李看了医生以后。)

Yīshēng shuō wǒ de tuǐ shòushāng bǐjiào lìhai,
L: 医生说我的腿受伤比较厉害，
bù néng jìxù wánr le.
不能继续玩儿了。

Nà nǐ dǎsuàn zěnme bàn?
B: 那你打算怎么办？

Wǒ yào tíqián huíqù.
L: 我要提前回去。

Shénme shíhou zǒu?
B: 什么时候走？

Gāngcái gěi dǎoyóu dǎ diànhuà, jīpiào gǎi dào
L: 刚才给导游打电话，机票改到
jīntiān wǎnshang le, děng yíhuìr jiù zǒu.
今天晚上了，等一会儿就走。

Zǎo diǎnr huí jiā yěhǎo.
B: 早点儿回家也好。

Zhēn yíhàn, hái yǒu hěn duō dìfang méiyǒu qù.
L: 真遗憾，还有很多地方没有去。

Méi guānxi, yǒu jīhuì xià cì zài lái. Shēn-
B: 没关系，有机会下次再来。身
tǐ zuì zhòngyào.
体最重要。

(1) Returning Ahead of Schedule

(After Xiao Li sees the doctor.)

L: The doctor said my leg was badly hurt, and I can't continue with the tour.

B: What's your plan then?

L: I'll return ahead of schedule.

B: When are you leaving?

L: I've just called the guide, and my flight has changed to this evening. I'm leaving in a while.

B: It's better to go home early.

L: It's a pity because there're many places I haven't visited yet.

B: Never mind. Come again if you have the chance. Your health is more important, though.

(2) 告别

gàobié

(Bùlǎng hé Xiǎo Lǐ gàobié.)
（布朗和小李告别。）

Zhè cì lǚxíng néng yùshàng nǐ, zhēn shì hǎo yùnqi!
L: 这次旅行能遇上你，真是好运气！

Zhè jiù jiào "yǒu yuán qiān lǐ lái xiānghuì" ba.
B: 这就叫"有缘千里来相会"吧。

Rènshi nǐ zhège péngyou zhēn gāoxìng.
L: 认识你这个朋友真高兴。

Wǒ yě yíyàng, wǒ bǎ wǒ de yóuxiāng fādào nǐ shǒujī shang, zánmen wǎng shang liánxì.
B: 我也一样，我把我的邮箱发到你手机上，咱们网上联系。

Hǎo. Huítóu wǒ bǎ zánmen de héyǐng fā gěi nǐ. Yǒu hǎokàn de fēngjǐng nǐ yě gěi wǒ fā jǐ zhāng.
L: 好。回头我把咱们的合影发给你。有好看的风景你也给我发几张。

Méi wèntí, huíqù bié wàngle cháng gēn wǒ liánxì.
B: 没问题，回去别忘了常跟我联系。

(3) 旅行结束

lǚxíng jiéshù

(Bùlǎng lǚxíng jiéshù de qián yì tiān wǎnshang.)
（布朗旅行结束的前一天晚上。）

Míngtiān wǒmen cānguān zuìhòu yí gè jǐngdiǎn, ránhòu jiù zuò fēijī fǎnhuí le.
G: 明天我们参观最后一个景点，然后就坐飞机返回了。

(2) Leave-taking

(Brown is saying goodbye to Xiao Li.)

L: It's really good luck that I happened to travel with you.

B: This is probably what we call "Separated as we are thousands of miles apart, we come together as if by predestination".

L: It's been very nice meeting you.

B: For me also, Xiao Li. I'll send my e-mail address to your mobile phone and we may contact through Internet.

L: OK. I'll e-mail you the group pictures later. Also send some pictures of the beautiful scenery to me, please.

B: Sure. Remember to contact me.

(3) The Tour Is Over

(at the final evening of the tour)

G: We're going to visit the last scenic area tomorrow, and then we'll return by air.

Shénme shíhou de fēijī?

B: 什么时候的飞机？

Wǎnshang liù diǎn, bā diǎn duō jiù néng dào jiā le.

G: 晚上6点，8点多就能到家了。

Zhème kuài jiù yào huíqù le.

B: 这么快就要回去了。

Zhè cì lǚxíng gǎnjué zěnmeyàng?

G: 这次旅行感觉怎么样？

Lǚxíng nèiróng hěn fēngfù, nǐ jiǎng de yě hěn yǒu yìsi. Zhēn shì yí tàng wánměi de lǚxíng!

B: 旅行内容很丰富，你讲得也很有意思。真是一趟完美的旅行！

Nín zhème shuō, wǒ zhēn gāoxìng.

G: 您这么说，我真高兴。

Xiànzài zhēn yǒu diǎnr shěbude líkāi.

B: 现在真有点儿舍不得离开。

Méi guānxi, wǒmen hái yǒu bié de xiànlù, yuànyì gēn wǒ zǒu dehuà, jiù zài gēn wǒ liánxì.

G: 没关系，我们还有别的线路，愿意跟我走的话，就再跟我联系。

Wǒ huì zài lái de.

B: 我会再来的。

B: What time does the plane take off?

G: 6 pm. We'll arrive home after 8 pm.

B: It's so quick.

G: Did you enjoy the tour?

B: It was great, and your explanations were interesting. A perfect tour!

G: I'm really happy to hear that.

B: It's so hard to say goodbye now.

G: Never mind. We also offer other tours. You can contact me if you want to join us again another time.

B: I will.

New Words

厉害	lìhai	terrible; severe
提前	tíqián	in advance
遗憾	yíhàn	pity
遇	yù	meet
缘	yuán	lot or luck by which people are brought together
丰富	fēngfù	plentiful
完美	wánměi	perfect
舍不得	shěbude	reluctant to

Additional Expressions

Expressions of Evaluation About the Tour

真是享受 zhēn shì xiǎngshòu
it's a treat

玩得很开心 wán de hěn kāixīn
we have a good time

条件差极了 tiáojiàn chà jí le
the condition is terrible

安排得不合理 ānpái de bù hélǐ
the arrangment is not reasonable

住得不怎么样 zhù de bù zěnmeyàng
the accommodation is terrible

TIP

The Human Landscape and World Cultural Heritage in China

China has a long history, and with many culturally valuable sites around the country. Beijing, Xi'an in Shaanxi, Luoyang in Henan, Kaifeng in Henan, Nanjing in Jiangsu, Hangzhou in Zhejiang, and Anyang in Henan are the seven ancient capitals of China, where many precious heritage sites remain.

In Beijing, in addition to the Great Wall, the Imperial Palace, Summer Palace, Temple of Heaven, and the Thirteen Tombs, and Peking Man Site at Zhoukoudian are also world heritage sites.

There are also many important historical sites not very far from Beijing : the Mountain Resort and its Outlying Temples in Chengde, Hebei; the Ancient City of Pingyao and Yungang Grottoes in Shanxi; the Longmen Grottoes, Luoyang in Henan; Yinxu in Anyang, Henan; Temple and Cemetery of Confucius, and the Kong Family Mansion in Qufu, Shandong. The famous Emperor Qinshihuang's Mausoleum is in Xi'an, the ancient capital. The world heritage sites in the south are the Ancient Building Complex in the

Wudang Mountains in Hubei, the Classical Gardens of Suzhou, the Ancient Villages—Xidi and Hongcun in Southern Anhui, and the Historic Centre of Macao. In the west, there are delicate Buddhist stone carvings—Dazu Rock Carvings, the greatest ancient hydro project—the Dujiangyan Irrigation System, the Old Town of Lijiang in Yunnan, the Mogao Caves of Dunhuang in Gansu, and the Potala Palace in Lhasa, Tibet. In the north, there are the Capital Cities and Tombs of the Ancient Koguryo Kingdom of Jilin and Liaoning.

There are many other historical places in China, in addition to those world heritage sites. When you visit those places, you should follow the guide and listen to his/her explanations carefully so you can fully understand the culture and history of each location.

The Classical Gardens of Suzhou

lǚyóu huílái hòu

20 旅游回来后

Back from a Trip

Basic Sentences

Nín hái jìde wǒ ma?

115.您还记得我吗？

Do you still remember me?

Kuàidì gěi wǒ ba.

116.快递给我吧。

Send it to me by express delivery.

Zhè pāi de shì nǎr a? Zhème měi!

117.这拍的是哪儿啊？这么美！

Where was this picture taken? It's so beautiful.

Wǒmen zài lù shang rènshi de.

118.我们在路上认识的。

We got to know each other on the way.

Huílái tài máng le, yìzhí méi liánxì.

119.回来太忙了，一直没联系。

I've been too busy to contact you since I came back.

Wǒ jīntiān bǎ zhàopiàn fā gěi nǐ le.

120.我今天把照片发给你了。

I've sent you the pictures today by e-mail.

B: 布　朗（*Brown*）　Z: 张经理（*Manager Zhang*）

L: 小　刘（*Xiao Liu*）　Li: 小　李（*Xiao Li*）

Dialogues

wàng dōngxi
(1) 忘东西

(Bùlǎng huílái hòu fāxiàn chōngdiànqì zhǎo bu dào le, gěi
(布朗回来后发现充电器找不到了，给
Guìlín de jiǔdiàn dǎ diànhuà.)
桂林的酒店打电话。)

Wèi, nǐ hǎo, Zhāng jīnglǐ ma?
B: 喂，你好，张经理吗？

Shì de, nín hǎo, qǐngwèn yǒu shénme néng bāng nín de?
Z: 是的，您好，请问有什么能帮您的？

Qián liǎng tiān wǒ qù Guìlín lǚyóu zhù zài nǐmen jiǔdiàn, nín hái jìde wǒ ma? Nàge wàiguórén Bùlǎng, wǒ de xiàngjī chōngdiànqì kěnéng wàng zài nǐmen nàr le. Nǐmen yǒu rén jiǎndào ma?
B: 前两天我去桂林旅游住在你们酒店，您还记得我吗？那个外国人布朗，我的相机充电器可能忘在你们那儿了。你们有人捡到吗？

Bùlǎng a, wǒ jìde nǐ. Nǐ shì zhōuyī tuìfáng de ba?
Z: 布朗啊，我记得你。你是周一退房的吧？

(1) Leaving Things

(Brown can not find his charger when he comes back from the trip. He calls the hotel in Guilin.)

B: Hello, how are you? Is that Manager Zhang?

Z: It is. How are you? What can I do for you?

B: A few days ago, I traveled to Guilin and stayed in your hotel. Do you still remember me? I am that foreigner, Brown. I probably left my charger to my camera in your hotel. Is there anyone who picked it up?

Z: Oh, Mr. Brown. I do remember you. You checked out last Monday, didn't you?

Shì a, sān líng yī fángjiān.
B: 是啊，301房间。

Hǎoxiàng quèshí yǒu rén jiǎndào yí gè chōngdiànqì,
Z: 好像确实有人捡到一个充电器，
wǒ qù wènwen shì bu shì sān líng yī de.
我去问问是不是301的。

Xièxie, rúguǒ shì dehuà, kuàidì gěi wǒ ba.
B: 谢谢，如果是的话，快递给我吧。

Xíng, nǐ bǎ kuàidì dìzhǐ gàosu wǒ.
Z: 行，你把快递地址告诉我。

kàn zhàopiàn
(2) 看照片

(Bùlǎng hé péngyou Xiǎo Liú kàn diànnǎo shang de lǚxíng
（布朗和朋友小刘看电脑上的旅行
zhàopiàn.)
照片。）

Bùlǎng, zhè pāi de shì nǎr a? Zhème měi!
L: 布朗，这拍的是哪儿啊？这么美！

Zhèxiē dōu shì zài Guìlín pāi de.
B: 这些都是在桂林拍的。

Zhè zhāng zhēn bàng, xiàng míngxìnpiàn yíyàng, nǐ
L: 这张真棒，像明信片一样，你
xiànzài shì shèyǐng gāoshǒu le.
现在是摄影高手了。

Bùgǎndāng, dōu shì suíbiàn pāizhe wánr de,
B: 不敢当，都是随便拍着玩儿的，
zhǔyào shì fēngjǐng hǎo.
主要是风景好。

B: Right, room 301.

Z: It seems to me that there is indeed someone who picked a charger. Let me check if it is yours.

B: Thank you. If it's mine, please send it to me by express delivery.

Z: OK, tell me your address, please.

(2) Looking at Pictures

(Brown and his friend Xiao Liu are looking at the pictures on the computer.)

L: Brown, where was this picture taken? It's so beautiful.

B: They were all taken in Guilin.

L: This is well shot and comparable with a postcard. You are a master of photography now.

B: I really don't deserve it. I took these pictures all randomly and just for fun. It's mainly bacause the scenery is excellent.

Nǐ kàn zhè zhāng, pāi de hěn zhuānyè ma …
L: 你看这张，拍得很专业嘛……
Zhè zhāng yě búcuò, tāmen de fúzhuāng hěn yǒu
这张也不错，她们的服装很有
mínzú tèsè … Zhège shì nǐ péngyou?
民族特色……这个是你朋友？
Nǐmen yìqǐ qù de ma?
你们一起去的吗？

Bú shì, wǒmen zài lù shang rènshi de. Duì-
B: 不是，我们在路上认识的。对
le, wǒ hái děi gěi tā fā zhàopiàn ne.
了，我还得给他发照片呢。

liánxì péngyou
(3) 联系朋友

(Bùlǎng gěi Xiǎo Lǐ dǎ diànhuà.)
（布朗给小李打电话。）

Wèi, shì Bùlǎng a, nǐ hǎo ma?
Li: 喂，是布朗啊，你好吗？
Duì, nǐ zěnme zhīdào shì wǒ?
B: 对，你怎么知道是我？
Wǒ yǒu nǐ de diànhuà hàomǎ a!
Li: 我有你的电话号码啊！
Huílái tài máng le, yìzhí méi liánxì. Wǒ jīntiān
B: 回来太忙了，一直没联系。我今天
bǎ zhàopiàn fā gěi nǐ le.
把照片发给你了。

L: Look at this one, it's very professional. This one is also good. Their costumes are of strong ethnic characteristics ... Is this your friend? Did you travel together?

B: No, we got to know each other on the way. Oh, I remember, I have to e-mail pictures to him.

(3) Contacting with Friend

(Brown calls Xiao Li after he comes back from his trip.)

Li: Hello, Brown, how are you?

B: It is Brown. How do you know?

Li: I have your phone number on my mobile phone.

B: I'm sorry for not contacting with you because I've been too busy to contact you since I came back. I've sent you the pictures today by e-mail.

Nà tài hǎo le, nǐ xiě yóujì le ma? Wǒ tèbié xiǎng kànkan.

Li: 那太好了，你写游记了吗？我特别想看看。

Hái méi xiěwán ne, xiěwán wǒ huì fàng zài wǎng shang. Fēngjǐng zhào wǒ yě fàng zài shàngmiàn, huānyíng fǎngwèn.

B: 还没写完呢，写完我会放在网上。风景照我也放在上面，欢迎访问。

Nǐ bǎ wǎngzhǐ fā gěi wǒ, wǒ yídìng qù kànkan.

Li: 你把网址发给我，我一定去看看。

Li: Excellent. Have you finished your travel notes? I'm really looking forward to reading them.

B: I haven't yet. I will put it on the web when I finish it. I'll also put the landscape pictures on it. You are welcome to visit it.

Li: Send me the address please. I'll certainly visit it.

New Words

充电器	chōngdiànqì	charger
快递	kuàidì	express delivery
摄影	shèyǐng	take a photograph
高手	gāoshǒu	master
不敢当	bùgǎndāng	I really don't deserve it.
游记	yóujì	travel notes
网址	wǎngzhǐ	website address

Additional Expressions

Words on Travel Record

博客	bókè	Blog
微博	wēibó	MicroBlog
攻略	gōnglüè	strategy
电子相册	diànzǐ xiàngcè	electronic photo album
旅行日志	lǚxíng rìzhì	travel log
视频游记	shìpín yóujì	vedio travel notes
个人空间	gèrén kōngjiān	personal space (on Internet)

TIP

Popular Routes for Hiking

The Hutiao Valley highlands in Yunnan is a famous route for hiking in China. It has spectacular views, road signs in English and comfortable accommodations, and it's relatively safe. Therefore, many foreigners take this route. Generally it takes two days to complete the hike.

Another route is from Yangshuo to Guilin in Guangxi. It is also scenic and secure. Most tours choose to visit here on pleasure boats, but hiking along the Lijiang River is a better way to enjoy the views of the mountains and rivers in Guilin.

In addition, there are many opportunities for climbers: to go up Mount Everest; Daocheng Yading of Big Shangri-la in Sichuan; Mount Kailash in Tibet; or Kanas Lake in Xinjiang.

Nowadays, there are more and more hikers in China, so you don't have to worry about being lonely hiking on these routes.

NOTE

fùlù

附录

Appendices

I 中国历代纪元简表

Zhōngguó lìdài jìyuán jiǎnbiǎo

Table of the Historical Eras in China

朝代 Dynasty		起讫 Period
夏 Xia Dynasty		C.2070 BC–C.1600 BC
商 Shang Dynasty		1600 BC–1046 BC
周 Zhou Dynasty	西周 Western Zhou Dynasty	1046 BC–771 BC
	东周 Eastern Zhou Dynasty	770 BC–256 BC
秦 Qin Dynasty		221 BC–206 BC
汉 Han Dynasty	西汉 Western Han Dynasty	206 BC–25 AD
	东汉 Eastern Han Dynasty	25–220
三国 Three Kingdoms Period	魏 Kingdom of Wei	220–265
	蜀汉 Kingdom of Shuhan	221–263
	吴 Kingdom of Wu	222–280

晋 Jin Dynasty	西晋 Western Jin Dynasty	265–317
	东晋 Eastern Jin Dynasty	317–420
南北朝 Southern and Northen Dynasties		420–589
隋 Sui Dynasty		581–618
唐 Tang Dynasty		618–907
五代 Five Dynasties		907–960
宋 Song Dynasty	北宋 Northern Song Dynasty	960–1127
	南宋 Southern Song Dynasty	1127–1279
辽 Liao Dynasty		907–1125
西夏 Western Xia Dynasty		1038–1227
金 Jin Dynasty		1115–1234

元 Yuan Dynasty	1206–1368
明 Ming Dynasty	1368–1644
清 Qing Dynasty	1616–1911
中华民国 Republic of China	1912–1949
中华人民共和国1949年10月1日成立 Founding of the People's Republic of China on October 1st,1949	

fùlù

附录

Appendices

II 中国的世界遗产

Zhōngguó de shìjiè yíchǎn

List of World Heritage Sites in China

(　shùjù　jiézhǐ　dào èr líng yī èr nián liù yuè　)

（数据截止到2012年6月）

(data correct as of June, 2012)

Chángchéng (　Běijīng　)

1. 长城（北京）

The Great Wall (Beijing)

Míng Qīng Gùgōng (　Běijīng Gùgōng、Shěnyáng Gùgōng)

2. 明清故宫（北京故宫、沈阳故宫）

Imperial Palaces of the Ming and Qing Dynasties in Beijing and Shenyang, Liaoning

Mògāo Kū (　Gānsù　)

3. 莫高窟（甘肃）

Mogao Caves (Gansu)

Qínshǐhuáng Líng jí　Bīngmǎyǒng Kēng (　Shǎnxī　)

4. 秦始皇陵及兵马俑坑（陕西）

Emperor Qinshihuang's Mausoleum & Terrai-cotta Warriors and Horses Site (Shaanxi)

Zhōukǒudiàn　Běijīngrén　Yízhǐ　(　Běijīng　)

5. 周口店北京人遗址（北京）

Peking Man Site at Zhoukoudian (Beijing)

Tài Shān (Shāndōng)

6. 泰山（山东）

Mount Taishan (Shandong)

Huáng Shān (　Ānhuī　)

7. 黄　山（安徽）

Mount Huangshan (Anhui)

Huánglóng　fēngjǐng　míngshèng　qū　(　Sìchuān　)

8. 黄龙　风景　名胜　区（四川）

Huanglong Scenic and Historic Interest Area (Sichuan)

Jiǔzhàigōu fēngjǐng míngshèng qū　(　Sìchuān　)

9. 九寨沟风景　名胜　区（四川）

Jiuzhaigou Valley Scenic and Historic Interest Area (Sichuan)

Wǔlíngyuán fēngjǐng míngshèng qū (Húnán)

10. 武陵源风景名胜 区（湖南）

Wulingyuan Scenic and Historic Interest Area (Hunan)

Chéngdé Bìshǔ Shānzhuāng jíqí zhōuwéi sìmiào

11. 承德避暑山庄及其周围寺庙

(Héběi)

（河北）

Mountain Resort and its Outlying Temples, Chengde (Hebei)

Lāsà Bùdálā Gōng hé Dàzhāo Sì (Xīzàng)

12. 拉萨布达拉宫和大昭寺（西藏）

The Potala Palace and the Jokhang Temple Monastery, Lhasa (Tibet)

Qūfù Kǒngmiào、 Kǒnglín、 Kǒngfǔ (Shāndōng)

13. 曲阜孔庙、孔林、孔府（山东）

Temple and Cemetery of Confucius and the Kong Family Mansion in Qufu (Shandong)

Wǔdāng Shān gǔ jiànzhùqún (Húběi)

14. 武当 山古建筑群（湖北）

Ancient Building Complex in the Wudang Mountains (Hubei)

Éméi Shān – Lè Shān Dàfó (Sìchuān)

15. 峨眉山-乐山大佛（四川）

Mount Emei Scenic Area, including Leshan Giant Buddha Scenic Area (Sichuan)

Lú Shān Guójiā Gōngyuán (Jiāngxī)

16. 庐山国家公园（江西）

Lushan National Park (Jiangxi)

Lìjiāng Gǔchéng (Yúnnán)

17. 丽江古城（云南）

Old Town of Lijiang (Yunnan)

Píngyáo Gǔchéng (Shānxī)

18. 平遥古城（山西）

Ancient City of Pingyao (Shanxi)

Sūzhōu gǔdiǎn yuánlín (Jiāngsū)

19. 苏州古典园林（江苏）

Classical Gardens of Suzhou (Jiangsu)

Běijīng huángjiā jìtán —— Tiāntán (Běijīng)

20. 北京皇家祭坛——天坛（北京）

Temple of Heaven, an Imperial Sacrificial Altar in Beijing (Beijing)

Běijīng huángjiā yuánlín —— Yíhé Yuán (Běijīng)

21. 北京皇家园林——颐和园（北京）

Summer Palace, an Imperial Garden in Beijing (Beijing)

Dàzú Shíkè (Chóngqìng)

22. 大足石刻（重庆）

Dazu Rock Carvings (Chongqing)

Wǔyí Shān (Fújiàn)

23. 武夷山（福建）

Mount Wuyi (Fujian)

Lóngmén Shíkū (Hénán)

24. 龙门石窟（河南）

Longmen Grottoes (Henan)

Míng Qīng huángjiā língqǐn (Běijīng、 Héběi、 Liáoníng)

25. 明清皇家陵寝（北京、河北、辽宁）

Imperial Tombs of the Ming and Qing Dynasties (Beijing, Hebei, Liaoning)

Qīngchéng Shān yǔ Dūjiāngyàn (Sìchuān)

26. 青城山与都江堰（四川）

Mount Qingcheng and the Dujiangyan Irrigation System (Sichuan)

Wǎnnán gǔ cūnluò —— Xīdì、 Hóngcūn (Ānhuī)
27. 皖南古村落——西递、宏村（安徽）
Ancient Villages in Southern Anhui: Xidi and Hongcun (Anhui)

Yúngāng Shíkū (Shānxī)
28. 云冈石窟（山西）
Yungang Grottoes (Shanxi)

Yúnnán Sānjiāngbìngliú bǎohùqū (Yúnnán)
29. 云南三江并流保护区（云南）
Three Parallel Rivers of Yunnan Protected Areas (Yunnan)

Gāogōulí Wángchéng、Wánglíng jí guìzú mùzàng
30. 高句丽 王城、王陵及贵族墓葬
(Jílín、 Liáoníng)
（吉林、辽宁）
Capital Cities and Tombs of the Ancient Koguryo Kingdom (Jilin, Liaoning)

Àomén lìshǐ chéngqū (Àomén)
31. 澳门历史城区（澳门）
The Historic Centre of Macao (Macao)

Yīnxū (Hénán)
32. 殷墟（河南）
Yinxu (Henan)

Sìchuān dàxióngmāo qīxīdì (Sìchuān)
33. 四川大熊猫栖息地（四川）
Sichuan Giant Panda Sanctuaries (Sichuan)

Guǎngdōng Kāipíng diāolóu yǔ gǔ cūnluò (Guǎngdōng)
34. 广东 开平碉楼与古村落（广东）
Watch Towers and Ancient Village in Kaiping, Guangdong Province (Guangdong)

Zhōngguó nánfāng kāsītè (Yúnnán Shílín、
35. 中国 南方喀斯特（云南石林、
Guìzhōu Lìbō、 Chóngqìng Wǔlóng)
贵州荔波、重庆 武隆）
Karst Landform in Southern China (Yunnan Stone Forest, Libo in Guizhou, Wulong in Chongqing)

Fújiàn tǔlóu (Fújiàn)
36. 福建土楼（福建）
Earth Building in Fujian Province (Fujian)

Sānqīng Shān (Jiāngxī)
37. 三清山（江西）
Mount Sanqing (Jiangxi)

Wǔtái Shān (Shānxī)
38. 五台山（山西）
Wutai Mountains (Shanxi)

Zhōngguó dānxiá (Fújiàn、Guìzhōu、Zhèjiāng、Húnán、Guǎngdōng)
39. 中国丹霞（福建、贵州、浙江、湖南、广东）
Danxia Landform in China (Fujian, Guizhou, Zhejiang, Hunan, Guangdong)

Dēngfēng "Tiān-dì Zhī Zhōng" lìshǐ jiànzhùqún (Hénán)
40. 登封"天地之中"历史建筑群（河南）
Historic Monuments of Dengfeng in "The Centre of Heaven and Earth" (Henan)

Hángzhōu Xī Hú wénhuà jǐngguān (Zhèjiāng)
41. 杭州西湖文化景观（浙江）
West Lake Cultural Landscape of Hangzhou (Zhejiang)

Yuán Shàngdū yízhǐ (Nèiměnggǔ)
42. 元上都遗址（内蒙古）
Site of Xanadu (Inner Mongolia)

Chéngjiāng huàshí dì (Yúnnán)
43. 澄江化石地（云南）
Chengjiang Biota (Yunnan)